●全国盲学校弁論大会　第二集　五二話

生きるということ

―伝えたい想いがここにある―

▼特別の教科「道徳」副教材として

全国盲学校弁論大会　第二集　五二話

「生きるということ」～伝えたい想いがここにある～

編集委員長
全国盲学校長会前会長　國松　利津子

全国盲学校弁論大会は、一九二八年（昭和三年）に始まり、全国の聴衆の心に感動を与え続けて歴史を刻んできました。全国盲学校長会では、元会長の皆川春雄先生を中心に、今に生きる子供たちの心が豊かになることを願う読み物として、第六三回から第七六回までの弁論を編集した『生きるということ　―鎖の輪が広がる―』を平成二〇年に発刊しました。

それから一一年の歳月が流れ、この大会も第八八回を迎えました。新しく令和の時代となり、AIの進化など先端技術が目覚ましく発展する中で、子供たちには、持続可能な未来を切り開く力や豊かな心の育成が必要となってきました。「道徳」も転換が図られ、子供たちが自分自身の問題と向き合って考え論議する特別の教科となりました。この変革の時期に発刊される本書の五二話には、自己の内面を見つめ、友達や家族などに支えられながら、未来に向けて力強く生きていこうとする弁士の生き様とともに伝えたい熱い想いが込められています。後に続く視覚障害生の生きる道しるべとしても引き継がれてきたこれらの優れた弁論作品は、見えない・見えにくいという困難を乗り越えようとした時のみなぎるエネルギー、命の尊さ、生きる喜びなどを、時には強く、また時には細やかに表現することで、読者に勇気や希望、生きるヒント、そして大きな感動を与えてくれるものと確信しています。障害のあるなしに関わらず、予測困難な未来に生きる子供たち、さらには幅広い年齢層の方々にも、まさにこの時代だからこそ心に響くものとして本書を手に取っていただければと考えます。これまでに知ることのなかった苦悩と、そこからの再生の歩みにきっと出会われることでしょう。また、本書は道徳科の副教材としてもご活用いただけるよう、道徳科の四つの観点に沿って弁論作品を分類し編集してありますが、一つの弁論作品には複数の観点が含まれることが多いので、それも併せてぜひ読者の皆様の思いで読み解いてみてください。

全国盲学校弁論大会はこれからもさまざまな想いをつないで続いていくことでしょう。一〇〇回目の開催を思い描きながら、「生きるということ」の「鎖の輪」が新しい時代へとつながり、心に響く歴史が綴られていくことを願っています。

結びに、この「第二集」への掲載を快くお引き受けくださった作者（弁士）の皆様、また、長きにわたり全国盲学校弁論大会に協賛し盲学校の生徒たちを応援してきてくださった関係機関の皆様、御寄稿いただいた指導者・支援者の皆様、監修にあたり御指導くださいました青木隆一様に心より御礼申し上げます。また、発刊に向けお力添えをいただいたジアース教育新社の皆様にも改めて感謝の意を表します。

目次

第一章　自分自身と向き合う

第三章　これからの人生や社会と向き合う

応援メッセージ

「つなぐこと　つなげること
そしてつながること」を目指して…

全国盲学校長会会長　木村　利男

静寂に包まれた会場、スポットライトが映し出す壇上に、颯爽と弁士が聴衆者の前に立つ。「皆さん・・・・・・・・・」七分間に自分が伝えたい思いを言葉にのせる。

明治十一年（一八七八年）に、京都で始まった盲学校教育。今、特別支援教育の時代の中で、全国各地の盲学校は、文化的あるいは体育的な活動に積極的に取り組んでいる。

その中でも特に文化的活動の一つである全国盲学校弁論大会全国大会は、昭和三年から開催されてきた長い歴史と伝統を受け継いでいる大会である。毎年、毎日新聞社点字毎日と全国盲学校長会とが大会を主催し、令和の時代の初めに、第八八回大会が東京都立文京盲学校で盛大に開催され、各地区大会を勝ち抜いた九名の弁士に、基準弁論を行う主管校の生徒と合わせて一〇名が弁論を行った。

弁論大会開催の前日には、前夜祭が開催されている。全国から選ばれた弁士を歓迎するとともに、弁士と引率教員、関係者を交えての交流する機会となっている。はじめは緊張していたライバルでもある仲間の弁士たちが、夕食を共にし、互いに会話をし、本番での意気込みなども紹介する中、和やかな雰囲気となり、楽しい時間を過ごす。

そして、本番当日を迎え、弁士は、プレッシャーを弁論へのパワーとしながら、自分の考えや思いを振り返り、見つめ直し、聴衆にしっかりと伝えるため、力強く語りかける。そこには大きな感動が生まれる。

今回、前回平成二十年十一月に発行した「全国盲学校弁論大会弁論四七話　生きるということ―鎖の輪が広がる―」に続く第二弾として、平成二十年第七七回大会から、令和元年第八八回大会までの弁論作品の中から、優勝・準優勝作品、各地区推薦作品、編集委員会選出作品を選び、学習指導要領に示された道徳の四観点に沿って分類、編集を行った。

これまで長年にわたり、全国盲学校弁論大会全国大会を通して、盲学校で学ぶ多くの生徒の思いが全国に発信されてきた。今後、インクルーシブ教育システムの中で、特別支援教育の一層の推進が重要となり、一人一人の多様なニーズに応じた指導・支援をさらに図っていくことが必要である。

見えない、見えにくい生徒の感じている思いがストレートに伝わってくる弁論作品を通して、視覚障害者の理解につながっていくことを願っている。

「つなぐこと　つなげること　そしてつながること」を目指して・・・

全国盲学校弁論大会「第二集」の発刊に当たって

文部科学省初等中等教育局視学官（併）特別支援教育課特別支援教育調査官　青木　隆一

「全国盲学校弁論大会『第二集』」の発刊に際し、心からお祝いを申し上げます。本書はここ数年間の全国盲学校長会編著シリーズとしては、「見えない・見えにくい子供のための歩行指導Q＆A」「視覚障害教育入門Q＆A新訂版」に続き第三弾ということになります。視覚障害教育を取り巻くさまざまな課題に対し、全国盲学校長会として具体的に取り組んでいただいていることに感謝と敬意を表します。

さて、本書の監修に当たり、まず候補となる弁論作品を熟読することから始めました。弁論作品を実際に聴くのと原稿を読むのとでは大きな違いがありますが、どの弁論作品も「人が生きる」ということはどういうことなのかについて、改めて考えさせてくれました。多くの弁士が挫折や心の葛藤の中、自分や家族を責め、自分を取り巻く社会や環境を憎み、生きがいを見失いました。しかし「何か」をきっかけに自分と向き合い、心の奥底にあった強くたくましく生きる力を引き出し、新たな自分を、新たな人生を切り拓いていった過程が、生き生きとした言葉で綴られていました。その「何か」は、親の涙、教師の言葉、先哲の教え、先輩や友達・同僚のつぶやき、自分の心の声などさまざまです。しかし、障害の有無や程度、年齢、性別に一切関係なく、だれでもがこの「何か」に巡り合うのではないでしょうか。だからこそ、聴衆者の心に響き続けてきたのでしょう。弁論作品を読み終えた私は、弁論作品が放つメッセージを多くの方に受け止めてもらいたい、ターニングポイントともなる「何か」を感じ取ってほしいと強く思うようになっていました。そして、そのことが視覚障害教育への理解と活性化につながるとともに、共生社会の形成に資するのではないかと考え、その後の監修に当たることにしました。例えば、単に掲載する弁論を選定するだけでなく、盲学校等に在籍する子供たちはもとより、小学校等に在籍する障害のない子供たちにとっての道徳科の授業で活用しやすいよう、道徳科の内容に即した四つの柱で整理しました。指導される先生方におかれましては、授業で副教材等として活用していただける場合、視覚障害のある人が感じていることや心の変容を感じとることを通じて、多様性の尊重や人としての生き方在り方を考えられるよう御指導をお願いいたします。子供たち自分自身にとっての「何か」を見出すことができれば幸いです。

結びになりますが、全国盲学校弁論大会の益々の発展を祈念するとともに、本書が全国全ての学校図書室や公共図書館等に置かれ、一人でも多くの方の手に取ってもらえることを期待したいと思います。

「次の節目に向けて」

毎日新聞社点字毎日（編集次長、全国盲学校弁論大会事務局担当）　濱井　良文

二〇一九（令和元）年十月四日、八八回目の全国大会が東京都立文京盲学校を会場に開かれた全国盲学校弁論大会。第一回大会が開かれたのは一九二八（昭和三）年六月二十四日。場所は、大阪市北区の大阪毎日新聞本社大会議室でした。当日の様子を報じた翌日の新聞紙面、大阪毎日新聞社報（一九二八年七月号）によると、全国一六校から一六人の弁士が出場し、約四〇〇人の聴衆が詰めかける中、「特殊教育の充実と盲人の使命」と題して熱弁を披露した大分県立盲唖学校の二宮義雄さんが優勝したことが記録されています。

大会の創始者は、毎日新聞社発行の週刊点字新聞「点字毎日」の初代編集長・中村京太郎（一八八〇―一九六四、全盲）です。一九二二（大正十一）年に創刊した「点字毎日」の読者は当時、ほとんどが盲学校生徒と卒業生でした。点字教科書の発行にも関わるなど視覚障害教育に熱心だった中村は、毎週の紙面編集に並行して、盲学校生徒を対象にした全国的な事業を企画しました。「全国盲学校生徒体育大会」と並び、その代表と言えるのが「全国盲学生雄弁大会」でした。

中村は、盲人にとっての話し方の訓練を「教育上、社交上、また職業的にもすこぶる重要であることはしばしば聞く」とした上で、「けだしよく話さんとすれば、まず頭の中によく蓄えねばならぬ。そのためには平素よく学ばねばならぬ」と、第一回大会開催前年の十月に評論欄で述べています。教育上の効果を狙いとしていました。

また、盲学生に希望を与え、批判精神を養うことも弁論大会で期待していたようです。希望も批判精神も、その思いを口にすることによって、その物事に対する関心の度合いがさらに高まると考えました。

中村は「点字毎日」創刊の理念の一つとして、社会に失明者の存在を認識してもらい、理解を得たいという思いも込めました。弁論大会は一般社会への発信、啓発という目的があったことも間違いないでしょう。新聞というメディアの発信力が強い時代でもありました。

大会が今日まで続いてきたのは、参加いただいた数多くの視覚障害学生、学校関係者はじめとする支援いただいた方々のおかげであるのはもちろんですが、中村が抱いた思いが、時代が変化する中にあっても普遍的で、意義深いものであったからだと考えています。

大会が九〇回、一〇〇回の節目を迎えられるように、主催者として原点を忘れることなく臨んでいく所存です。

座談会

全国盲学校弁論大会に関わる座談会

全国盲学校弁論大会の過去・現在・未来～伝えたい想い～

槇　英弘

四天王寺大学名誉教授
過去14回にわたり審査員・審査員長。弁論に社会との関りを求める。

木村　利男

全国盲学校長会長
東京都立文京盲学校長
67校の全国の盲学校を「つなぐ　つなげる　つながる」を目指す!!

木村　全国盲学校長会編著「全国盲学校弁論大会『第二集』」(以下『第二集』とする)の発刊に当たっての座談会を始めます。

　私は、全国盲学校長会長を務めております、東京都立文京盲学校長の木村利男です。本日の進行をさせていただきます。よろしくお願いいたします。

　さて、令和になって初めての全国盲学校弁論大会は、東京都立文京盲学校を会場に開催され、今年度で第八八回を迎えました。全国七地区の予選を勝ち抜いた九名が、自らの体験や将来の目標について熱弁を振るい、聴衆に大きな感動を呼び起してくれたのは記憶に新しいところです。関係した皆さま方には、主催者を代表して御礼を申し上げます。

渡邊　寛子

福島県立視覚支援学校教諭。実際に生徒の弁論指導に携わり、過去12年間に3回の全国優勝者を育てる。

田島　忍

全国盲学校校長会を代表して東京都立葛飾盲学校長

青木　隆一

視覚障害教育のスペシャリスト。文部科学省初等中等教育局視学官（併）特別支援教育調査官

全国盲学校長会では、毎日新聞社点字毎日部、全国盲学校ＰＴＡ連合会の協力のもと、平成二十年に、全国盲学校弁論大会の弁論四七話を選定し、「生きるということ―鎖の輪が広がる―」をジアース教育新社から発刊しました。今回は、それに続く第二弾ということになります。

編集に当たっては、視覚障害者が語る弁論が広く世の中に知られ、彼らの思いや考えが伝わっていくとともに、視覚障害者のみならず多くの方々に知っていただきたいという思いと、道徳科の教材として活用してほしいという願いを込めることとしました。なお、掲載に当たっては平成二十年の第七七回大会から、令和元年の第八八回大会までの一二大会の中の受賞作品、特色ある作品を選定したいと考えています。

また、新企画として、この座談会を行うこととしました。全国盲学校弁論大会に深く関わった方々が一堂に会し、これまでの弁論大会を振り返り、成果を確認しながら、「社会に開かれた教育課程」を実践する盲学校の役割を、それぞれの立場から語っていただきたく思います。なお、座談会は過去・現在・未来の時系列を軸として進めてまいります。

　まず自己紹介として、ご所属とお名前、そして今回この座談会で伝えたいことなどをお聞かせください。


愼　愼英弘といいます。審査員長を始めたときは、四天王寺大学の大学院の教授をしていましたが、二〇一七年三月に定年を迎え、現在は客員教授をしています。

　全国盲学校弁論大会には、合計一四回審査員あるいは審査員長として参加させてもらいました。学生時代（愼先生は盲学校の卒業生）とは、状況が大きく違うと感じています。一言で言うと、社会問題をテーマにしている弁論が極めて少ない。自分の夢とか、生き方とかが中心になっている。さらに、聴衆の反応が極めて少ないと思います。言い方を変えると、非常におとなしく聞いていてもらって、まさに「静聴」してくださっている。私の学生時代というのは、やじり倒して、いかに引きずり下ろすか、会場からどよめきが絶えないという状況でした。

　全国盲学校弁論大会は、学校教育の一環として行われていますので、ＮＨＫが主催していた「青年の主張」の弁論とは違う。あくまでも教育の一環として今後どう取り組んでいくのかということも、今日の座談会で考えてみたいと思っています。

木村　続いて、青木先生よろしくお願いします。

青木　文部科学省初等中等教育局視学官の青木隆一と申します。併せて視覚障害教育担当の特別支援教育調査官をしております。

　『第二集』の発刊という全国盲学校長会の「打って出る」取組に心から敬意を表します。

　私と全国盲学校弁論大会との出会いは、二十数年前にさかのぼります。教員時代に担当した生徒が二人ほど、全国盲学校弁論大会に出場しました。二人とも全国盲学校弁論大会に係る一連の取組の中で、さまざまなことを経験し、さまざまな出会いをし、失敗も成功もしました。それらの経験が自信となり、その後の学校生活の励みとなっていったことを鮮明に覚えています。現在、周りから信頼される社会人として、一人は一般企業で、一人は視覚障害者情報提供施設で活躍しています。このように、全国盲学校弁論大会が、一人一人の生徒たちに与えてきた影響というのは非常に大きなものがあります。

このことは、先ほど木村先生から「未来」とありましたが、未来になっても変わらないでほしいと思います。今日は、全国盲学校弁論大会と新学習指導要領との関連性に思いを馳せながら、座談会を楽しんでいきたいと思います。

木村　引き続き、田島先生お願いいします。

田島　全国盲学校長会事務局次長を務めている、東京都立葛飾盲学校長の田島忍と申します。私は全国盲学校長会の立場から、全国盲学校弁論大会と『第二集』の魅力や、その教育的意義などについてお話したいと思います。視覚障害特別支援学校の管理職として、子供たちの教育にこの全国盲学校弁論大会や『第二集』をどのように生かしていけるかなどについてお話をしたいと考えています。

木村　それでは渡邊先生、お願いいいたします。

渡邊　福島県立視覚支援学校高等部で国語を担当しております渡邊寛子です。

私自身は、福島県の高等学校での教員時代に失明、訓練を受け、福島視覚支援学校で復帰後の年目に校内高等部の弁論大会の講評という大役を引き受けたことが、盲学校弁論大会と私との出会いになります。そのとき、視覚障害のある生徒の立場で弁論の指導に当たり、何をどう指導すればいいのか、校内弁論大会をどう活性化していけばいいのかを考えました。その結果、それまで一回も優勝できなかった福島が、第七七回で初優勝してから、今大会まで合計三回優勝させていただきました。今日は、私の指導の在り方がどう変わってきたか、子供たちがどう変わってきたか、そして見えない・見えにくい子供たちではありますが、同じ高校生としてどう成長してきたのかということをお伝えできたらと思っています。

木村　この後、実際の事例のところで、さらにお話を聞かせてください。

弁論大会の意義と歴史

さて、皆さまご存じのように全国盲学校弁論大会は、全国盲学校長会と毎日新聞社点字毎日、毎日新聞東京・大阪・西部社会事業団の主催です。まず、全国盲学校長会の立場から田島先生ご発言をお願いいいたします。

最初に、全国盲学校長会が全国盲学校弁論大会を主催していることの意義についてお話しします。

田島　弁士として育てたい生徒がいます。その生徒を指導する教員がいます。そして、その教員を支える校長がいて、さらには各校長を後押しする教育委員会等があります。このようなつながりのある育成の仕組みをつくって、価値ある教育活動を続けていくための、強固なバックボーンとなっていることに意義があると思います。また、各学校で校内弁論大会があり、その先には各地区弁論大会があり、さらに全国大会があって、生徒が憧れを持って目標にできるシステムとなっています。その全国規模の大きな構造を支えているのが全国盲学校長会であり、そこに大きな意義を感じております。

全国の校長先生方の間では、弁論大会の魅力、教育的価値について共通認識ができています。「弁論大会の指導を受けているプロセスで、生徒が自分の生活や生き方を振り返ったり、考えを整理したり、プレゼンテーションの力を伸ばしたりすることができます」という声や、「他の弁士の弁論に触れることで感動を味わい、豊かな心を育てたり、またユーモアのセンスを学んだり、逆境にも負けず生きていく強さを知ったりすることができ、生徒の成長のためには大変有益です」という声もあります。

木村　全国盲学校長会として、この大会の意義についてお話をしていただきました。この座談会では「過去・現在・未来」という時系列の観点からこの大会を振り返っていくわけですが、まず過去の軸として、全国盲学校弁論大会の歴史を確認したいと思います。青木先生、お願いします。

青木　全国盲学校弁論大会の歴史、一言で言えば、長い伝統と歴史のある大会ということになるでしょう。第一回は昭和三年に「全国盲学生雄弁大会」という名称で開催されました。この年は、ラジオ体操が始まった年であり、あのミッキーマウスが誕生した年でもあります。

これまでの歴史の中で、約一〇〇〇人近い弁士が聴衆の感動を呼び起こしてきましたが、優勝弁論のタイトルを振り返ってみると、その時代を反映してきていることが分かります。

例えば、第一回は「特殊教育の充実と盲人の使命」でした。明治時代、京都で始まった視覚障害教育が全国に広がり、特殊教育の充実が叫ばれるようになったからではないでしょうか。その中で、「盲人がどのように社会で役割を果たしていくのか」といったことが、語られていたのでしょう。

第一五回は昭和十七年、そう真珠湾攻撃の翌年です。このときの優勝弁論のタイトルは「武器なき戦い」でした。翌第一六回は、戦時中でおそらく日本国中が大変な時代だったと思うのですが、優勝弁論は「日本の腰を強めましょう」。まさに「国力を高めていこう」といった内容だったのではないでしょうか。

戦後に目を向けてみます。終戦後間もないころには、「盲女性」とか「盲女子」といった言葉が、優勝弁論のタイトルに入ってきます。背景には、婦人参政権の実現があるようですね。

さらに、高度経済成長期である昭和三十年以降、今度は人間回顧をイメージさせるタイトルが見られます。例えば「存在への勇気」、「理解されない盲人」、「教育と職業の保障」などです。高度経済成長を成し遂げていく中、視覚障害者は貢献していないと思われているのではないか、そのことに対する思いが弁論として語られたのではと推測します。

時代を進めます。昭和五十二年の第四六回は、「科学技術時代に思う」というタイトルでした。前年の昭和五十一年は、アップルコンピューターが誕生しているのですね。昭和五十二年は、リニアモーターカーが世界初の浮上走行に成功しています。また、家庭用ビデオデッキも誕生していま す。ＶＨＳテープ、今日の座談会出席者はみんな知っていますが、今の子供たちは知らないかもしれないですね。いずれにしても、新しい技術が私たちの生活にどんどん入ってきている時代だったわけです。このように全国盲学校弁論大会が、その時代を反映していることに思いを馳せることができます。

ここ十数年は、社会的なことよりも自分の家族をテーマにした弁論が多いように感じています。合理性、利便性、即効性が優先されがちな現代社会だからこそ、人間生活の原点である家族が語られているのでしょうか。

では、一〇年後の未来どんなテーマが弁論大会で登場するのでしょう。「私と盲導犬型ロボット」とか、「AIロボットに支えられて」とかでしょうか。そういう観点で、この全国盲学校弁論大会を考えていくと面白いのかもしれません。

木村　世代を反映していることをご紹介いただき、当時その時代を生きた視覚障害者の思いが弁論に詰まっているのだろうということを改めて思いました。ぜひ手にとって勉強してみていただければと思います。

弁論・弁士の特徴

次に、長年審査員長を務められた愼先生から、改めて弁論大会の歴史についてお聞かせくださ い。

愼　私が学生時代、つまり盲学校時代は今からもう五〇年以上前ですが、そのころの弁論というのは絶叫型が中心でした。

木村　絶叫型ですか（笑）

愼　はい。自分の思いを伝えるというよりも、どちらかというと一方的に言う、そういう絶叫型が中心の弁論が多かったです。それに比べて最近の傾向は、自分の思いをじっくりと伝えるというように変わってきたと感じています。

私自身は、弁論大会は、校内で一回しか出場していません。一回出て、ボロボロで、恥ずかしくて、二度と出ないつもりだったのですが、まさか審査員長で参加することになろうとは思ってもいませんでした。今、青木先生からお話がありましたように、最近の弁論は、自分のこと、家族のこと、障害のことなどが中心になっていて、どの生徒でも話ができるような内容ですね。たまたまその生徒が語っているだけであって、誰でも経験している内容だと思います。そういう点でいうと、特別なことを語っているわけではない。それをいかにうまく語っているか、その違いではないかなと思っています。弁論を聞いていて、突拍子もない話っていうものが、全然ないなと感じています。

　話は変わりますが、先ほど申し上げたとおり、全国盲学校弁論大会は教育の一環ですので、学校教育の中で先生方が弁論を指導してくださっていることが論旨にも現れています。審査員をしていて、教育の一環として行われていることを非常に強く感じています。私は大阪市立盲学校（現、大阪府立大阪北視覚支援学校）に在籍していましたが、学校での弁論指導というのは、直接はなかったですね。担当の先生はおられましたが。要するに自分が書いた文章を先生が添削してくれるということはなくて、自分が思ったことを勝手に主張しているだけという状況でした。今とは全然違いますよね。

木村

　その時代を反映しているのでしょうね。

今回の『第二集』に掲載される第七七回から第八八回までの一二年間を現在と定義させていただいたうえで、過去を振り返っていただきたいと思います。愼先生はこの間、審査員長として関わっていただきました。各弁士のさまざまなテーマや論旨は、絶叫ではなくてじっくり型というお話もございましたけれども、話術なども含めてどうだったのでしょうか、どう変わってきたのでしょうか。

愼

　私が審査員長を務めてきて感じたことを申し上げたい。まず、全国から九名の弁士が毎回登壇しますが、この間、高等部の現役（学齢の生徒）の弁士だけだった大会はありません。必ず、社会人経験者が登壇しています。だいたい、中学部の生徒が一名、社会人経験者が二名程度、現役の高等部の生徒が六名程度でしょうか。つまり、いろいろな人が集まっている弁論大会なのです。

　次に、弁論および弁士の特徴は、大体三つに分かれると思っています。

　一つ目は、社会人経験者です。仕事をしていて病気やけがにより視力低下して失明し、将来が真っ暗闇でどう生きていっていいか分からないという思いになる。場合によっては死すら考えてしまう。そういう状況の中で家族に支えられ、盲学校の門をたたき、三療に出合い、「よし、この仕事で生きていこう」と思うようになる。それまでの生き方を変える、一言で言うと不死鳥のようによみがえるわけです。そのことを自分の言葉で伝える。これはすごい感動を呼ぶわけです。ですから毎年、社会人経験者が三位以内に入賞するのではないでしょうか。

二つ目は、いわゆる一般校（※小・中・高等学校のこと）から盲学校へ途中転入した生徒たち。一般校へ通っていたが、病気やけがで視力低下してしまい、盲学校へ入学してきます。しかし、盲学校へ入学するまでに一般校で非常に辛い思いをしてしまう。見えにくいことを言えない、見えているふりをするので、「さぼっているのではないか」などと言われてしまう。最悪、いじめにもつながっていく。しかし、盲学校で同じような状況の生徒たちと出会い、吹奏楽やスポーツなどを一緒にやる中で、どん底から立ち直る、そして自分の将来の仕事や夢を語るというものです。

三つ目は、いわゆる、ずっと盲学校で学んできた生徒たち。幼いころから視力がない、あるいは低下しているために盲学校で勉強をしていると、いじめを受けるなどの辛い思いが非常に少ないわけです。ゆとりのある精神で教育を受け生活もしている中で、将来を語るというものです。自由に自分の思いを語っていると思っています。

自分と社会との関わり

この三つに分かれますが、どの内容もきっと誰でも言うようなことなのでしょうね。飛び抜けて何か社会に訴えるという内容が少ない。人の生き方として、「こう生きられたらいいな」と訴える力はありますが、「そんな考え方もあるのか」と、相手に思わせるような内容が少ないと感じています。

私が審査員長を務めた中で、社会問題を取り上げたのは一つだけでした。北海道の女子生徒が地産地消をテーマにした弁論でした。あとは全部、自分や家族のことが中心でした。その中で、特に社会人経験者の家族に対する感謝の思いが涙を呼ぶのです。だから採点も高くなると感じています。それに比べて、現役世代が優勝するには、人の心に訴えるような論旨を展開しないと、審査員になかなか届かない。そういう点でいうと、現場の先生方の指導が大きいのではないかと思います。

私の思いとしては、社会問題をもうちょっと取り上げてほしい。例えば、「点字と自分の生き方」で考えてみましょう。点字だけだと社会問題ではない。また、自分の生き方だけでも、社会問題ではない。しかし、点字と自分の生き方を組み合わせ、点字をいかに普及させて就職の際の受験を点字でできるようにするかといった内容を構成すると、これは社会問題になるわけです。盲学校で教育を受けていることなどを社会との関わりで論じるという、そういう視点が大切です。それが良いとか悪いとかではなく、自分だけの問題にとどめるのではなく、ちょっと社会に訴えてみるといった内容があれば、非常にうれしいです。

木村 社会問題への視点ですね。社会問題を自分のこととして捉え、前面に出していく、まさに厳しい社会での「生きる力」にもつながっていくのでしょう。

校内弁論大会の重要性

続いて、実際に学校で弁論の指導に当たっておられる渡邊先生にお伺いします。渡邊先生は、福島視覚支援学校の国語科の教員として一五年間ご指導いただいております。また、これまで歴代の福島視覚支援学校の優勝者の弁論指導に携わったと伺っております。何か指導の秘訣みたいなものをお話しください。

渡邊 視覚障害であれば誰でも書ける弁論から一歩飛び出し、この人にしかないテーマを極めるよう心がけています。そして、入賞後にマスコミに注目されても偶像化されないよう、障害受容や自己理解についても内容を深めながら指導をしています。

校内体制としては、普通科と保健理療科の一年生は、国語の授業で原稿を作り、書くこと、聞く・話すこと、読むことの能力として、現代文の評価に反映させています。校内予選当日に通院が重なってしまった普通科生がいましたが、録音を流したことがあり、かえって聴衆の心にしみたということがありました。

「普通科任せにしないで、理療科からも全国大会へ」という気運が高まり、五年前に高等部の校内予選前に、理療科生徒だけのスピーチ大会を開くようになり、第八四回大会の優勝につながりました。中学部も高等部の弁論大会を聞きに来るようになっています。「当たり前に全員参加」で校内弁論大会を盛り上げています。寄宿舎の先生方にも録音を聞いてもらっています。

十八歳以下の生徒は、成人生徒の話術と経験と、そして涙を誘う内容にはなかなか太刀打ちできません。そこで、点字毎日から発売されている全国大会のCDを授業で聞かせています。その際、あえて講評も聞かせます。その中で、自分の好きなベスト3を選びます。十八歳以下はやはり同年代の悩みに共感し、「自分だったら」という視点が開けます。来年は何を書くか、三月に目処がつく生徒もいます。

四月に入学してきた生徒が、五月に弁論するには、過去を振り返るしかないので、二年生あたりで、一年間盲学校で過ごしてどう変わったかということを盛り込むとよいと思っています。

愼

現場の話をお聴きし、やはり盲学校弁論大会は教育の一環なのだと思いました。私が生徒時代は、弁論指導は、ほとんどなかったです。それに比べると、情熱的に取り組んでくださっている。この福島視覚支援学校の取組を全国の盲学校でやってほしいですね。

そうしたら、ものすごい活気があふれるのではないでしょうか。

論旨については、何回も文章を点検して手直しもされるので、審査をする上で論旨で差をつけるっていうのはなかなか難しい。そうすると、話術、声量が弁論を左右することになります。

時々、一人芝居のような語り口調をする生徒がいます。いかに言葉で表現して感動を与えるか、これはまさに芸術ですね。しかし、弁論はやはり訴えるということなので、心の中にどれだけ入り込んでいけるかが勝負です。そう考えると一人芝居ではだめで、やはり声量と話術が物をいうわけです。言葉として伝えるという基本を大切にしなければならない。声量については、体の小さい人が大きな声を出すのは大変かもしれませんが、しっかり指導していただきたいです。

審査や講評の重み

別の視点です。校内の弁論大会では教員が審査員講評をやることが重要です。もちろん、気楽にはできません。

第七七回の大会で優勝した生徒さんのことが思い出に残っています。私は普通に講評したのですが、本人はすごく感動したそうです。なんと、私が勤めている大学に入学してきました。「関東にいっぱい大学があるのに、なんでわざわざ大阪のこの遠いところにしたの?」と聞いたら、「弁論大会の講評ですごく褒められて感動して、この大学に来ました」と答えてくれました。このように審査や講評は、生徒の一生を左右するのです。だからこそ、しっかり審査をして、講評もしなければならない。

生徒の成長

渡邊　弁論をきっかけに成長した子は多いです。弁論で語れる内容があるということは、進歩していたり、悩んでいたりするわけです。

ある生徒は家族と出かける時も白杖をもって白分で歩きたい。しかし、親は危ないからと手をつなごうとする。本人は恥ずかしいわけです。親をなんとか変えたい。そこで、校内弁論を親に聞いてもらうために、「自立活動の授業で白杖を持って買い物に出かけたら、たむろしていた高校生が道を空けてくれた」、という内容を盛り込みました。その後、彼は自信をもてるようになり、グランドソフトボールで中学部から唯一選手として選ばれ、他県に遠征するなど、どんどん世界が広がりました。

また、例えば第七七回で基準弁論をやった一年生は、「順位に入らないからやりたくない」と言いました。「来年につなげよう」と説得し、登壇しました。その大会を地元のテレビ局が取材してくれたことが励みになったようです。その生徒は、翌年の全国大会へ出場できました。また、三年の夏には、全国高等学校総合文化祭「弁論の部」に福島県代表として参加しました。そこでの経験も貴重なものでした。

同年代の高校生と同じ土俵で闘えているのです。健常者との中で評価されて、それが発信できてきたということで、十分成長をしています。

新学習指導要領との関連

木村　新学習指導要領とのつながりに話題を移します。今回公示された新学習指導要領では、その構造が「何ができるようになるか」「何を学ぶか」「どのように学ぶか」で整理され、キーワードとして「社会に開かれた教育課程」、「育成を目指す資質・能力」、「主体的・対話的で深い学びの視点からの授業改善」、そして「カリキュラム・マネジメント」が挙げられております。

そこで今回、新学習指導要領において、弁論がどのような位置付けになるのか、何が期待されるのかについて、青木先生にお話をいただければと思います。

青木　新学習指導要領における弁論指導の位置付けを考えたときに、最初に思い浮かぶのが、言語能力の育成です。言語能力は、全ての学習の基盤となるものであり、国語科を要として全ての教育活動全体を通じて養うことが求められています。渡邊先生も国語科として取り組んでおられることを話していましたが、弁論大会に関連する一連の学習が、子供たちの言語能力の育成に深く、広く関わっているのです。

「何ができるようになるか」という視点については、育成したい資質・能力として三つの柱で示しています。知識及び技能、思考力・判断力・表現力等、学びに向かう力・人間性等の三つです。一つ一つこれをひも解いていくと、実は弁論の指導と合致することに気付きます。

例えば、「思考力・判断力・表現力等」については、情報を多面的・多角的に精査し、構造化する力、言葉によって感じたり想像したりする力、感情や想像を言葉にする力、言葉を通じて伝え合う力、構成・表現形式を評価する力、考えを形成し、深める力などと整理されています。まさに弁論の指導を通じて育むこともできる力ですよね。

先生方には、ぜひ新学習指導要領を読んでいただいたうえで、弁論を教育に価値付けて指導に当たっていただきたいです。

弁論大会に秘められた道徳的価値

木村　『第二集』は、道徳科の教材としても使えるようにすることを考えています。そこで、田島先生に、道徳科に関わる部分について、全盲長としてどういう点に配慮されたのかをお話しいただければと思います。

田島　多くの校長先生方からも、これまで各弁論が道徳科の教材として非常に活用価値が高いのではないかという声を伺っています。

そこで、『第二集』の編集に当たっては、道徳科の内容である「自分自身に関すること」、「人との関わりに関すること」、「集団や社会との関わりに関すること」、そして「生命や自然、崇高なものとの関わりに関すること」を踏まえて整理することとしました。

具体的には、簡易な表現として、「自分と向き合う」、「家族・先生と向き合う」、「人生・社会と向き合う」、「命と向き合う」の四観点とします。理由としては、盲学校だけではなくて、校種を超えて、小学校、中学校、高等学校などの先生方にもぜひ活用してほしいという思いがあるからです。その際、先生方が教材を選定する際の判断の参考になればと思っています。

木村　渡邊先生は、弁論について道徳科の観点からもこれまでもご指導していただいておりますが、何か留意点などはありますか。

渡邊　これまで福島県内の「モラルエッセイコンテスト」で何人も入賞しています。

今回優勝した常松さんも普通科時代に「命の理由」というタイトルで高校生の部で最優秀になりました。それが出版物となって市町村の窓口などに置かれたり、小学生の道徳教材の裏表紙に載ったりします。その反響は大きく、地域の人から、「市役所の窓口でこの作文を見つけ、勇気づけられました」などと学校へメールが届いたのです。一般の人たちからのメッセージは子供たちの自信にもなりました。

福島県は、震災直後に三年をかけて、福島県内独自の小中高向けの道徳読み教材を作りました。そのときに各校から一名ずつ編集委員が出て話を持ち寄りました。

本校からは、校内弁論や作文コンクールに出したものを数作品集めて一つの物語を作りました。地域の小中高等学校に通って、見えにくいことを言いだせなかった主人公が、夏休みに富士登山に踏み出してみたという「富士登山への挑戦」という読み物教材として完結させました。今思うと、先ほどの四観点が全て網羅されていました。

この読み物教材には活用上の観点が示されているので、先生方も選びやすいと思います。福島県は震災をバネにしようという意味で、「人間を育てよう」ということで成果物としてできています。

慎 道徳教育では人の生き方を学ぶわけですが、これは人生の財産になります。その際、他者の生き方を自分が経験することはできない。だから、文章を読むか話を聞いて経験することになる。そのことによって自分自身の生き方に対する視野も広がるだろうし、前向きな生き方にもっていける。そういう点でいうと、障害のある人の生き方が詰まっている『第二集』は、盲学校だけにとどまるのではなく、広く小・中学校等の授業で活用することは非常に有意義であると思います。

全国盲学校弁論大会を未来へ

木村 貴重なご意見をありがとうございます。

第八八回大会のアトラクションは、文京盲学校の卒業生にお願いしました。彼女は、日本の伝統文化三線の奏者になりたいという夢を実現するために、大学に進学をして必死に勉強している。出場弁士の方々にも、今の学びを近い将来の自分の生き方につなげてほしいという願いを込めたのです。

最後に全国盲学校弁論大会の「未来」をテーマにお話を伺います。皆さんのお立場でこの弁論大会に期待したいこと、将来像などについてお話しください。

渡邊　全国盲学校弁論大会に出場したことによって確実に世界が広がっていますし、同級生や先輩・後輩によい影響も与えていますので、それをステップとして、その子たちの成長を後押しできる存在、未来への窓であってほしいと思います。

田島　私からは、校長先生方へメッセージを伝えたいです。今年の全国盲学校長会長崎大会のときに青木先生からご指導をいただきましたように、視覚障害教育を取り巻く新しい時代では、医療や視覚支援機器などが大きく進歩し、その恩恵に与かる生徒も出てくるでしょう。一方、依然として厳しい社会であることが想定されます。そこで、やはり豊かな心、ユーモア、逆境にも負けずに生きていく強さを持った生徒を育成していく必要があると考えます。そのためにも全国盲学校長会が今後も強力に後押しし、持続可能な教育活動、さらには世界に発信していけるような教育活動にしていきたい。いわば、全国盲学校長会が打って出る！です。

青木　私が伝えたいことはこれまでと変わりません。田島先生の力強いメッセージにもつながりますが、四つの「かい」のある盲学校です。

子供たちが学びがいのある盲学校、保護者が通わせがいのある盲学校、先生方が働きがいのある盲学校、そして地域が応援しがいのある学校。先生方が日々ご指導いただいている弁論に係る学習が、この四つの「かい」にどうつながっていくのかという観点でも考えていただきたい。ちょっと違う視点が見えてくるのかもしれませんよ。

もう一つ。全国盲学校弁論大会は一〇年後一〇〇回記念を迎えます。そこに向けて、「全国盲学校弁論大会『第三集』」の構想を練っていきたいですね。

愼　全国盲学校弁論大会が一〇〇年周年を迎えるまでに、変えたいことがあります。全国盲学校弁論大会の名称変更です。例えば、地域の高等学校に在籍している全盲の生徒もいます。しかし、その生徒は全国盲学校弁論大会には参加できない。そこで、例えば「全国視覚障害生徒弁論大会」にすることも考えられますね。また、地域の学校から代表が来たら、その学校の障害のない生徒たちがきっと応援に来ますよね。彼らにとっては、視覚障害者の生き方について直接学ぶ機会となるのです。もちろん、歴史のある大会ですから名称変更は難しいことは分かっています。

青木　愼先生から、難しい宿題をいただきましたね。

木村　インクルーシブ教育システムの構築が推進されている今こそ、この盲学校弁論大会が果たしてきた役割は、とても大きなものなのだということを実感しました。不易と流行を大切にしながら、盲学校がこれまで培ってきたものを、今の時代にどう生かしていくかが問われますね。

　この『第二集』が多くの方々に届けられ、真に活用されるよう、全国盲学校長会でも進めてまいります。

　大変有意義な座談会になりました。これからもそれぞれの立場で、さらに視覚障害のある子供たちのために、ご指導よろしくお願いいたします。今日はお忙しいところ、ありがとうございました。

第一章

自分自身と向き合う

第一話

「踏み出す」

二〇〇八年第七七回大会優勝弁論

福島県立盲学校高等部普通科三年(18)
鈴木　祐花

「おー、これがおれの名前かー!」

私は去年の夏、近くの私立高の夏期講習に参加させていただきました。テキストは先生方に点訳していただいて。五日間、私立文系コースの二七人の皆さんと一緒に、国語と英語を受けました。

七月二十三日、期待と不安に胸を膨らませながら、二年七組の教室へ向かいました。

「おはようございます」

ドアを開けると、ガヤガヤしていて人数の多さを感じました。男子二六人だけだったので、何となく観察されているような、よそよそしい感じがしました。

私の席は一番後ろの廊下側。席に座っていると、隣のクラスの桃子ちゃんがあいさつにきてくれました。クラスに一人だけいる女子まりちゃんが、たまたま欠席だったからです。

いよいよ、一時間目が始まりました。先生が冗談を言うとみんなで大笑いしたり、いつ自分が指されるかドキドキしたり、すべてが初めての経験でした。休み時間になると、お弁当のいいにおいがして、男子が早弁しているのが分かり、新鮮でした。

ある休み時間のこと。私がまりちゃんと話していると、数人の男子が集まってきました。

「これで点字を打つんだって」と、まりちゃん。

「打ってみる？　この先がとがってるのは点筆って言うんだけど、点字は六つの点の組み合わせなんだよ」

と、私が説明すると、一人の男子が名前を打ちました。他の人の名前は私が打ってあげました。

点字盤から紙を取り外すと、

「すげー！！　これが俺の名前なんだって！」

「打つの、めっちゃ早くねえ？」

自分で打ってみたい男子の行列ができました。

部活の時間になってしまった空手部の人が、打てなくて、とても残念がっていたのが印象に残りました。

あっという間に五日がたち、「もっといたい」という正直な感想と共に終わりました。

そして、冬期講習にも参加しました。教室に入ると、ずっと一緒に過ごしてきた仲間のような安心感と、自然に受け入れてくれる温かさがありました。どうしてたった五日しか一緒にいなかったのに、当たり前のことのように接してくれるんだろうと驚きました。

私は今までずっと一人の授業が多く、普通校の人とかかわる機会はありませんでした。だからこそ、大学へ進学して、健常者と同じように学び、働きたいと思っています。

担任の先生から夏期講習に交ざる話を聞いたとき、視覚障害のある私を受け入れてくれるのだろうか、友達は作れるのだろうかなど、不安はつきませんでした。でも、「いましかない」と決心しました。私がかってに、健常者と障害者の間に厚く見えない壁を作ってしまっていたのです。

しかし、この壁は簡単に崩されてしまいました。そのことに驚き、恥ずかしくなりました。

春休みは盲学校で課外を受けました。そんなある朝、安達駅で桃子ちゃんに会いました。一緒に電車に乗り、いろいろな話をしました。

「今日はバスじゃないの?」

「春期講習中だから歩きなんだ。一緒に行くよ」

と、桃子ちゃんが手引きをしてくれて、うれしかったです。私がいつも歩いている道ではなく、裏道を行きました。

「祐花ちゃんの学校ってどこにあるの?」

「福高の近く」

「ああ、わかったかも！」

こんな会話をしているうちに、いつの間にか二人で迷子になってしまいました。私はどこを歩いているのか分からず、困りました。ただ、学校にはほど遠い感じがしました。

「ここって一三号線だよね？」

「うん、そうだよ」

「郵便局ある？　その近くに左に曲がる点字ブロックがあって、歩道橋の下を通るんだけど……」

「あ、あるよ！　大丈夫、大丈夫」

私がこの大冒険で気づいたこと。

それは手引きをしてもらっていても、自分で主体的に歩かなければ、目的地までは連れて行ってもらえないということでした。おしゃべりに夢中になりながら、もう一つの耳を働かせることの難しさを実感しました。

八九七㌘で生まれた私が、いま、生きていることに改めて感謝しています。

たくさんの人の愛に見守られ、支えられ、今日まで成長してきました。

私は普通校の課外に交ざるという経験を通して、世界が大きく広がりました。新しい世界に足を踏み出すのは、とても勇気がいることです。それがどんなに小さな一歩でも、進んだことには変わりません。きっと、これからも大切なことに気がつけると信じています。

私は一人ではありません。ほんとうの空の下、同じように目標に向かってまっしぐらの人たちがいます。障害の有る無しにかかわらず、一人一人精いっぱい生きています。明るい未来へ向かって。

【本人コメント】

弁論大会での優勝をきっかけに審査員長の先生と出会い、大学で友人とともに社会福祉を学ぶことができました。現在は、県職員として充実した日々を過ごしています。

【指導者より】

冒頭、可憐な彼女の口から「おー、これがおれの名前か！」というセリフが飛び出し、聴衆の心をわしづかみ。それ以来、東北大会はしばらくセリフで始まる弁論が流行ったとも聞きました。中学部時代から場数を踏んでいたので、まだ誰も取り上げていないフレッシュなテーマ、近隣の私立高校での課外に参加した時の交流とその後を活写しました。障がい者と健常者の架け橋になりたいと踏み出し、大学では福祉を学びました。震災後の福島のために働きたいと、初の県職員採用試験の点字受験を実現させ現在は念願の障がい福祉課勤務。先輩として、在校生や就学前教室などでの講演も好評です。盲導犬とともにマラソンや点字付きかるたとりで活躍中です。

渡邊　寛子

第二話

「空へ」

二〇一〇年第七九回大会優勝弁論

奈良県立盲学校高等部普通科三年(18) 川添　愛

もし私が弱視でなければ、今ここにはいません。そう考えると、とても胸は痛むのに、自分の病気と向き合えない私がここにいます。何で私なんやろ、何度も何度もそう思いました。遠くの物が見える、それってどんな感覚なん。生まれつき弱視の私は、見える、ということの意味がよく分かりませんでした。

小さいころの私は、好奇心旺盛だったため、母は人一倍私のことを思って育ててくれました。小学校に入学した私は学年が上がるにつれて、周りの目やクラスメートの声が気になり始めました。そう感じ始めると体育の授業がつらく、野球やサッカーなどは到底、出来るはずがありませんでした。「こいつがおるから、負けんねん」。そう言われるたび、そんなん分かってるわ、そういった気持ちで心がいっぱいになりました。小学六年生の昼休み、私があることで泣いてしまった時、仲いい子にこう言われました。「愛はさあ、右目からも涙って出るん」。その心ない一言が私にとってはとてもつらく、心に穴が空いたような、そんな気持ちになったのです。その時、私の病気のことをもっとたくさんの人に知ってもらわなければならないと思いました。

中学校からの生活を変えてみたい、誰に何を言われてもいい。私は新たな環境になったことを機にそう決意しました。しかし、中学校入学式当日、いろんな壁にぶちあたってしまった私は、何度も目をそらしてしまいました。担任の先生が前に立ち「これはこうです。こんな風に書いてください」と私に教えてくれました。けど、そんなん言われたって、私には見えへんし、分からへん。中学に来てまで、もう嫌や。そんな気持ちになりました。そして、新たな環境の中で必ず訪れる、私というクラスメートの紹介。「一番前に座っている川添さんは……」。ああ、また、私の病気のことを言われるんやと、そう思いました。先生の話の内容が目に見えていた私は、この場にいたくない、という正直な気持ちから涙を流してしまいました。結局、私は一年間の間で、友達に心を開くことはありませんでした。

精神力を高めたい、今よりもっと強くなりたいという気持ちから、二年生になるのと同時に柔道部に所属した私は、日々の練習に励みました。そして中学校卒業をきっかけに、自分の意思で、盲学校という道を選びました。

盲学校に通うということは、自分の病気と向き合えた、ということでもあり、また、新たな事に挑戦するといった意味もありました。入学当初の私はやはり、その場の環境になじむことができませんでした。そのせいで、周りの人や家族にまでたくさんの迷惑をかけてしまい、いろんな面で悲しませてしまうことも多々ありました。そのたびに後ろを振り返っては自分自身というものについて考え、自分の行動や意思、病気に対する消極的な考えをもっと前向きなものにしたい、そう思ったのです。

障害、人には分かってもらえないことがたくさんあります。つらいことや悲しいことがたくさんあります。けれど私はそれを自分自身の力に変えたいのです。障害なんて何も恥じることではない。だから私は今できることを精いっぱいやってみたい。将来につながる何かを一つ一つ見つけたい。家族や仲間、そして今ここにいる、大切な人たちと一緒に。

【本人コメント】

学生だった自分にとっては、毎日の練習が凄く辛かったのですが、頑張って練習した甲斐があったなぁ、と今となってはとてもよい思い出です。題名と名前を呼ばれた時は本当に嬉しかったです。

【指導者より】

当時を振り返ると、彼女は中高部の生徒会長や音楽クラブの部長を務めるみんなのリーダー的存在で、普段から何事にも一生懸命取り組む生徒でした。そんな彼女のこの年の弁論大会に対する意気込みは前年度まで以上のものがあり、原稿内容はもとより、表現方法やタイムに至るまでよい発表になるように自らすすんで練習を重ねていました。この弁論を通して、高等部に入学した頃からは想像もできない程、彼女はありのままの自分を受け入れ、強く大きく成長しました。その姿が聴衆を惹きつけ、心を打ち、全国大会優勝という結果に表れたのだと思います。このことは、彼女の人生において大きな自信や希望につながったことと思います。

泉谷　正美

第三話

「妹のことばを胸に」

二〇一一年第八〇回大会第三位弁論

熊本県立盲学校高等部普通科二年(16)　米原　聖実

私は、自分の目が見えないことに対して、消極的な見方しかしていませんでした。「自分の目が見えないことは恥ずかしいことなんだ」と思っていました。「あのとき」までは……。

私は、三歳のころに交通事故で視力を失いました。それまで普通にしていたことができなくなったり、家族の顔やいろんなものの色が見えなくなったりして戸惑いや悲しみを隠せませんでした。毎日のように「どうして私は目が見えなくなっちゃったの？　どうして私だけがこんなことになってしまったの？」と母親に聞いていました。そんな時、盲学校のことを知り、幼稚部に入学しました。

学校に来ている時には目が見えないことのつらさや悲しさを忘れられていましたが、家に帰るとそういう訳にはいきませんでした。近所の人や店などですれ違う人から「目が見えなくてかわいそうだ」とか、「どうして目が見えないの？」と聞かれ、外に出るのも嫌になっていました。私は、そう言われるたびに「どうして、点字という文字も読めて、学校にも行って、みんなと同じように生活しているのに、かわいそうなんていうの？　どこがかわいそうなの？　みんなと違って、ただ目が見えないだけじゃないの？」と言い返したいと思いながらも、言い返すこともできずに悩んでいました。そう悩んだ時期が、小学三年生まで続きました。でも、それまでと考えが変わった時がありました。「あのとき」がやってきたのです。

小学三年の夏に妹が生まれました。その年の夏休みは毎日、妹と一緒に過ごしました。それまで赤ちゃんに身近に接したことのなかった私は、単に赤ちゃんは泣いたり、ミルクを飲んだり、寝たりして、お母さんの思い通りになるものだと思っていました。しかし、実際は、思わぬ時に泣いたり、ミルクが欲しいのかなと思ったのに眠かったりと、毎日毎日が意外性との格闘といった日々でした。

その姿を見て、「こんなに小さな生まれたばかりの赤ちゃんだって、毎日同じことを繰り返していても自分の意思をきちんと表示して必死に生きてるんだ。だから、私も悩んでいても仕方ないんだ。何でも前向きに考えなくちゃ先に進めない！」と気付いたのです。「目が見えないから何もできない」ではなくて、「目が見えなくても何でも取り組もうという意思があれば、限界はあるかも知れないけれどできないことはない」

見えない壁を少しずつクリアしよう、と決意しました。

それから、自分の苦手なことやできないこと、あきらめていたことを紙に書き出し、短期間でクリアできるものと長期間でクリアできるものに分け、早速計画を立てて取り組みました。料理や洗濯などの家事は、親が小さいころから手伝わせてくれていたので、毎日練習を積み重ね、いまでは、みそ汁やハンバーグを自分一人で作れるようになりました。それまで、できないことにぶつかると「やっぱりやめてしまおうか。何でもしようという考えが間違いかもしれない。きついのはイヤだし」と思い、何度も途中で投げ出してしまおうと思ったこともありました。でも、あきらめずに取り組み、いくつもの壁を乗り越え、できることが増えると、「あのとき頑張ってよかった」と、いままで味わったことのない達成感と満足感を感じることができ、本当によかったと思います。

いま、私は一つの壁にぶつかっています。それは、家から学校までの道を自分一人で通学するということです。これは何年間も努力を続けていますが、なかなかできません。私は「いまはできなくても、いずれできるようになるだろう」と漠然と思い、あきらめていた時期がありました。車に乗って学校から帰りながら、私は独り言で「他の人は歩いて帰れていいなあ。私もいつか一人で歩きたいなあ」と、ぼそっと言いました。すると妹が「お姉ちゃんなら大丈夫だよ。もしお姉ちゃん一人でだめでも、あたしがお姉ちゃんの目になってあげるから頑張って」と言ってくれ、努力もしないで私は何を言っていたのだろうと反省しました。それと同時に、妹が生まれた時に感じた「目が見えないことを前向きに考えよう」と決意した「あのとき」の感覚がよみがえりました。

私はこの壁をクリアするために努力を続けていますが、どうしても不安で勇気が出ない時、もうだめかもしれないと思うこともあります。そんな時は、妹の言葉と自分の決意を思い出し、今は「練習あるのみ」と思って、毎日頑張っています。そしていつか、家から学校までだけではなく、近くの店に買い物に行ったり、町まで出かけて行ったりできるようになりたいです。それが、いつ実現できるか分かりませんが、自分を信じてあきらめずにがんばります。妹のことばを胸に。

【本人コメント】

大会後、中国の日本語学校で弁論をする機会をいただきました。涙を流して下さり、自分の思いが伝わることに感動しました。これからもこの経験を活かしていきたいです。

【指導者より】

米原さんの弁論を練習が始まった当初に聴いた感想は、実直というものでした。それゆえ、力強さや優雅さ、あるいは抑揚の部分がどのように完成されるか心配でした。優しい言葉の使い方、飾らないスタイル、それを生かしつつ、どのように弁論が発展し、完成するか楽しみでした。練習を重ねるうちに、弁論の原稿の内容と表現力が深みを増していきました。優しさと力強さのバランスが取れてきました。大会本番で、力の全てを出し切って、米原さんの気持ちが聴衆に伝わったと確信しました。

小川　祐一郎

第四話
「見えないことで見えたこと」

二〇一二年第八一回大会準優勝弁論

北海道高等盲学校高等部普通科一年（16）　越智　美月

ひまわりの花のように生きていきたい。しんが強いひまわり。太陽に向かって大きく育つ立派なひまわり。

私は生まれつきの全盲で、光を感じることができません。でも、今まで不便な思いをしたことがありませんでした。幼稚園時代、先生や友だちがいつも私を助けてくれ、みんな仲良くしてくれました。今まで関わった人は、みんな私のことを理解してくれる人ばかりでした。

私は一四年間、晴眼の人たちとの違いについて気付くことはありませんでした。そのために視覚障害について深く考えてきませんでした。しかし、ある二つの経験を通して自分の考えが変わり、いろいろなことに気付くことができました。

一つ目は、進路についての悩みから学んだことです。盲学校での小・中学部時代、私には同級生がいませんでした。そのため、大人数で過ごす学校生活に憧れを持つようになり、普通高校進学を考えるようになりました。

中学部三年の担任が弱視の先生でした。見えづらさからくる大変さや体験を交え、親身に相談に乗ってくださいました。そのことがきっかけで、自分の考えの甘さに気付き、自分の障害について考えるようになりました。視覚障害について考えていく中で、社会に出るためにはもっと自分を鍛えなければ、と強く思うようになりました。そこで私は自分の力を確実に伸ばすことができる盲学校高等部を選びました。

この経験を通して、私が進学や職業自立するためには、強い意志と日々の努力が大切だということを学びました。自分の苦手なところを見極め、「何があっても負けない」という強い意志。そして、根性があれば道が開ける。太陽に向かって自分の意志があるかのように、すくすくと伸びるひまわりが私の目標です。

そして高校生になり、また自分の考えを大きく変えた出来事がありました。高校生になって一カ月がたったころ、ある年配の女性が、私の家を訪ねてきました。私は登校しており、直接その方に会えませんでした。その女性は、中学部時代、毎日登校するときに出会う人でした。急に見かけなくなった私を心配してわざわざ家まで訪ねてくださったそうです。

「毎朝、お母さんと楽しそうにおしゃべりしながら歩いているお嬢さんを、散歩の途中で見かけると、お嬢さんにそっくりな孫を毎日見ているようで、それが私の楽しみだったんですよ。でも急に会わなくなったから高校生になったのかなあとも思ったんだけど、いじめを受けていないだろうか、孤独を感じていないだろうかといろいろ思っていたら、心配で心配で眠れなくなってしまって」と言われたそうです。そして母が新しい学校でもみんなと仲良くやっていることを伝えると、「それは良かった。安心した。頑張ってねと伝えてください」と言って帰って行かれたそうです。

帰宅後、母からそのエピソードを聞き、とても温かい気持ちになりました。それと同時に「そんなに心配してくれたり、応援してくれたりする人がいるのなら、私ももっと頑張らなくては」と決意を新たにしました。

なぜ障害を持って生まれてきたかなんて、誰に聞いても、いくら考えてもわかりません。でも、その方に出会ったことで答えの一つが見つかったように思いました。私が自立して立派な社会人になることは、周りの人に勇気や希望を与える。人の気持ちを動かすことができる私。自分をそう意識し始めました。

ひまわりは太陽からエネルギーをもらって育ちます。そして大きな花を咲かせたひまわりを触った私は、何かエネルギーのようなものを感じます。いろいろなことに挑戦して頑張ることで、私は人を勇気づけられます。そしてそういう人たちがたくさんいることが私のエネルギーになり、さらに「頑張ろう」という気持ちにさせてくれます。ひまわりと似ている気がしませんか。

私はいろいろな人たちに支えられて生きています。今は往復二時間かけて、母に学校の送り迎えをしてもらっています。いつもとても感謝しています。外を一人で歩いていくとたくさんの人に声をかけられます。このように人にいろいろな形で支援をもらえる私たち視覚障害者はすてきだと思います。私たちは人の顔が見えない分、気持ちをこめて言葉を伝えます。

ひまわりが太陽に向かって大輪の花を咲かせるように、私ももっとたくましく生きていきたい。そして、見えなくても自分の努力次第で健常者と同じように何でもできるということを証明していきたい。私たちには多くの可能性があり、人と深く関われるという素晴らしさがあるのです。だから、胸を張って生きていきませんか。見えない私にしか味わえないことや私にしかできないことがたくさんある。それが私の「見えないことで見えたこと」。

【本人コメント】

盲学校で過ごした、一四年間での二つの経験が自分の考え方や、晴眼の人たちとの違いについて気付かせてくれました。それらをひまわりの花にたとえ弁論によって投げかけることができました。

【指導者より】

当時、本人の考えを端的にまとめることはもとより、教育活動を通して他者との関係性について考えるきっかけとするとともに、本人の障害受容の程度について自己評価を促す機会となりました。

坂本　紀生

第五話

「笑顔」

二〇一三年第八二回大会優勝弁論

茨城県立盲学校高等部普通科二年(16)　山口　凌河

僕は笑顔が大好きです。

僕がなぜ笑顔がとても大好きかというと、こんな体験をしたからです。

僕は小さい時から野球ばかりやっていて、中学校に入学し、もちろん！　野球部に入りました。野球部ではキャプテンになり、勉強よりも野球、え？　勉強よりも野球？　いやいや、中学生の本分は野球でしょ？　と考えているぐらいの、いわゆる野球ばかでした。

そんな野球を取ってしまったら何が残るのかと考えてしまうぐらいの僕が、大好きな野球ができなくなりました。なぜなら中学三年の春に、病気でだんだん視力が低下していったからです。目だけは良かった僕が、ある日ボールが見えにくいことに気づきました。

でも僕はそのことを隠しながら野球をやり続けましたが、だんだん見えにくくなっていることに友達も気づき始め、とうとう監督の知るところとなり、試合には出られなくなりました。キャプテンであるにもかかわらず、最後の試合でプレーできないという無力感と、大好きな野球ができないという寂しさで何もかもが嫌になりました。

自暴自棄になっていた僕に、野球部の仲間や友達が「とりあえず笑え」と、ばかみたいに前向きなことを言ってくれました。僕は心の中では「笑えねえよ」と思いながらも、みんなでいつもいつも楽しく笑っていると、目が見えなくなったから、そして大好きな野球ができなくなったからと言って落ち込んでいる自分が情けなく思えてきました。これから楽しいことがいっぱいあるじゃないかと心の中で前向きに思えるようになり、知らず知らずに毎日を笑って過ごしている自分がいました。きっと僕を支えていてくれたみんなの笑顔が僕を救ってくれたのだと思います。こうして僕は立ち直ることができました。

だから僕はこう思うのです。つらい時こそ笑い、苦しい時こそ笑えば湿った心も笑いで乾くことでしょう。だからこそ笑って笑って楽しく生きてゆきたい。

「生きてるだけで丸もうけ」。この言葉は、僕の憧れの人である明石家さんまさんが言っていた言葉です。

泣きながら裸で生まれてくるので、人生の最期は笑いながらパンツ一枚で迎える。これが最高の人生だとも言っていました。

僕はこの言葉を聞いた時は、心がざわめきました。
なぜなら、世の中にはこんなにも前向きで、笑顔を大切にし、そして笑顔を絶やさない人がいると知ったからです。僕は、このことを周りの人にも伝えていけたらよいと思いました。そして、僕はいつもいつも笑顔を絶やさない人になりたいと思います。
会場の皆さん、いつ笑うんですか？　今でしょ。今笑ったあなた、その笑顔を大切にして、ずっとずっと、笑っていきましょう。笑顔。

【本人コメント】

障害を負った時を振り返り自己を見つめた弁論大会。この経験は財産であり、その後の活動の糧となった。現在、ゴールボール世界一を目指し精進している。「笑顔」でパラリンピックの舞台で輝きたい。

【指導者より】

初めての土地、親元を離れての寄宿舎生活、不安ばかりの四月だったと思いますが、親しみやすい性格と持ち前の明るさで頑張りました。そのことが弁論によく表れています。原稿を書くにあたり、言いたいことはあるのに、心が整理できず、文章にまとめるのに時間がかかりました。読みの部分では、「二〇〇回練習」と言われ、本当に努力していました。何回も録音していた様子が思い出されます。全国大会当日は、精神を統一し、本番に臨んだ姿は凛々しく、今でも忘れません。前向きで有言実行の山口君。就職し、パラの代表に選ばれたことを大変嬉しく思います。「笑顔」を絶やさず、感謝の気持ちをもって精進して欲しいと願っています。

稲川　一美

第六話

「彼からもらった希望」

二〇一三年第八二回大会優秀賞弁論

神戸市立盲学校中学部三年（15）　小林　なつみ

私は人を助けたい。落ち込んでいる人を励まし、温かく包み込み、希望を与えられる人になりたい。それは苦しい体験を乗り越えて思ったことです。私に苦しいことを乗り越える力を与えてくれたのは、一人の男の子との出会いでした。私の目は三歳の夏、急に見えなくなりました。悪くなったのは目だけではありません。「膠原（こうげん）病」という免疫の調節がうまくいかなくなる病気にかかりました。私はこれまでなんども命の危機に直面しました。しかし、今日はそれ以上に私が悩んだ心について述べます。

私は元々、人と関わるのが大好きでした。幼稚園に入園することになり、うれしくて、うれしくて、早くその日が来てほしいと思っていました。

しかし、幼稚園では私の思いに反し、男の子から言葉の暴力をかけられました。私は友達が怖くなりました。やがて一人だけではなく、二人一度に蹴ったり、押したりされました。

「このままやったら、ずっとやられるばっかりやんか。そうや、やり返したらいいんや。あっちからやる前にこっちからやり返そう。そうしたら、自分だって守れる」。気が付けば、やり返すことが止まらない自分になっていました。そのうちそれが普通になりました。

そのようなことを繰り返して盲学校の小学部に入学しました。そこでも私はやられたらやり返していました。そしてとうとう私は先生に怒られました。「なあ、あんた、何でいじめんの?」。気が付けば、私は悔しくて泣いていました。なぜなら本当はやり返したくなかったからです。そうしないと自分を守れないと思っていたからです。でもなかなか素直になれませんでした。学校の友達も私のことを嫌っていました。

「これが当たり前。一人でええねん」。でも、本当は孤独感でいっぱいでした。そんな時、私の一つ下に全盲の男の子が入学してきました。「また増えたわ、まあでも私には全然関係ないな」と思いました。

「では一人ずつ握手をしてください」。先生にそう言われて仕方なくそこに行きました。私の順番が来て手を握ると彼はその手を離そうとしません。

「なんで離さへんの?」。私は初めての経験にびっくりしました。最初は近づかないでおこうと思いましたが、彼の手のぬくもりを思い出し、どんどん会いたくなってきて、毎日教室に遊びに行きました。彼は遊びに行くたびに喜んでくれ、「ありがとう」と言ってくれました。私は最近、忘れていた言葉だなと感じました。こんな私にも感謝してくれる人がいるのだと思い、この人となら友達になれると思いました。私は自分の居場所ができた気がしました。

しばらくして、彼と一緒に点字の学習を始めました。良きライバルとして勉強にも力が入り、点字の大切さがわかりました。彼と接するうちに氷が溶けるように私の心も溶け始めました。そして、少しずつ周りの人も優しくみえてきました。「そっか。私、間違ってたんや。こうやって接していけば、他の人も優しく見えてくるんや」。いつの間にか、一人が当たり前と思っていた私から、みんなと仲良くしたいという私に変わっていました。

「私も彼のようになりたい。でもきっと無理」と思いました。「あきらめよう。みんなどうせ、気にしてないし」。でもここであきらめたら絶対に後悔するとも思いました。「私は、私のできることからしたらいいねん」。私は少しずつ、人に優しく接することができるようになりました。

そして現在、私は盲学校の中学部三年生になりました。私の目と病気は良くなったわけではありません。しかし、私は病気と向き合いながら生徒会長として楽しく頑張っています。私に力を与えてくれた彼は別の学校に進学し、今はあまり会えなくなりましたが、私の心はとても成長しました。彼と出会えたのも目の病気のおかげです。私は目の病気になったことを感謝しています。

私は盲学校に慣れていない人にも積極的に話しかけ、自分から友達になろうとしています。それから、みんなが学校で楽しく過ごせるようにお昼の放送を企画したりしています。放送を通してみんなに明るさを届けたい。落ち込んでいる人も明るくなれるような放送がしたい。彼からもらった優しさを今度はみんなと分け合いたい。絶望と孤独感でいっぱいの人がいたら希望の光を届けていきたいです。

かつて私が彼からもらったように。

【本人コメント】

あれから辛いことや苦しいことはありましたが、彼が私に希望を与えてくれたように、私もみんなに希望を与えられる存在になり、それを分け合いたいという気持ちは今も持ち続けています。

【指導者より】

私はこの弁論を通して彼女が自分を見つめ直すことで、自信をもって成長できるようにと願い、全力で指導に当たらせていただきました。今までも努力を重ねてきた彼女でしたが、体調面から自信をなくすことがありました。しかし、弁論大会の練習を通して彼女はとても生き生きと輝いて、元気に生徒会長やお昼の放送などに挑戦しました。幼稚部から理療科までとても年齢の幅の広い児童、生徒が学ぶ神戸市立盲学校の中で、彼女が誰に対しても分け隔てなく優しく声をかける姿がとても印象的でした。みんなに希望を届けたいという彼女の思いは私にもしっかりと届きました。彼女がこれからの将来も当時のように、希望をもって進んでほしいと願っています。

野田　沙苗

第七話

「光り輝くあの月へ」

二〇一五年第八四回大会優勝弁論

福島県立盲学校高等部専攻科理療科一年(47)　渡邊　健

私が生まれて一年後、一九六九年七月二十日、天上に燦然（さんぜん）と輝くあの月に、宇宙史上初めて人類が降り立ちました。アポロ一一号です。まさに「歴史的な第一歩」でした。地球から三八万五〇〇〇キロメートルもの彼方にあるあの月に、どうやって人がたどり着いたのか、幼い私には想像することすら、かないませんでした。

では光り輝くあの月は、本当に私たちにとって遠い存在なのでしょうか？　ある数学者がこんな話をしています。「ここに厚さ〇・一ミリメートルの紙があります。この紙を一回折り曲げればその厚さは〇・二ミリメートル、二回折り曲げれば〇・四ミリメートル、三回折り曲げれば〇・八ミリメートルになります。ではこの紙を何回折り曲げれば、その厚さが三八万五〇〇〇キロメートルもの彼方にあるあの月に届くのでしょうか？」。小学生に聞いてみると、大概一万回、あるいは一〇〇万回などと答えます。ところが実際に計算してみると、驚くべきことに、たったの四二回なのです。本当です。会場の皆さんも、ちょっと紙を折りたくなってきませんか？　こうして考えてみると、月も案外近くにあるのだなと思えてきます。

私はこれまでの二三年間、小学校や中学校の教員として働いてきました。仕事に追われ、夜中までになることも度々ありましたが、何より生徒と関わり合うことが楽しくて楽しくてなりませんでした。小学生はどんな時でも純粋で、中学生はどんな時でも自分の気持ちに正直でした。それぞれに悩みがあって、ですが一方でそれぞれに希望があって、そんな大切な時間を子供たちとともに過ごす中で、どれだけ多くのエネルギーを頂いたか分かりません。今考えれば、とても掛け替えのない、ぜいたくな時間であったと思います。

しかしそんな充実した生活の中にも、じわりじわりと困難はやってきます。ある日、縦書きの文庫本が読めなくなった。ある日、黒板に自分で書いた板書の文字が読めなくなった。そしてある日、料理上手の妻の手料理、おいしそうな香りはするのだけれど、その彩りが見えなくなった。しかし、一番切なかったのは大好きな生徒たち、何より愛する我が娘の表情が捉えられなくなってきたということ。毎日がいらだちと切なさとの葛藤の日々でした。

そんなある日、私の小学生になる娘が「目が見えなくなったってパパはパパ。私がパパの分まで見てあげるよ！」。そう言って私を優しく手引きしてくれました。衝撃を受けました。こんなにもすてきな家族が私のすぐそばにいるのに、これまでの数年間、どんな背中を見せ続けてきたのか？

哀れと思ってもらいたかったか？　大丈夫だよと肩でも抱いてほしかったか？　それでも俺は父親か？　それでも妻が愛せる夫なのか？……。実に情けない。今なぜ苦しいのか？　できることがどんどんどん少なくなっていく恐怖。いつか自分は「ゼロ」になってしまうのではないかという呪縛。でも何か、何か忘れてる。

その時パパは気が付いた。ドキドキすること、ワクワクすること、ハラハラすること、そしてその感情を、努力して楽しむこと。新たなもの、一つの出会いにときめくこと、新鮮さをこの体で、この胸全体で味わうこと。そうだ忘れてた。新たな出会いの喜びこそが、心や体の障害だけじゃなく、国、宗教、人種の間に生じる障害だって乗り越えられるはずだ。今まで教室で熱く語ってきたじゃないか。自分ができなくてどうする。

そう思って外に目を向けた時、この盲学校の存在がありました。その時、脳内にすうっと光が差し込んできた感覚を、今でもよく覚えています。その光は、暗闇に座り込んでいた私を優しく照らす、まさに月の光にも似た、ぎらぎらと照りつける太陽の光とは違った、実に穏やかな光でした。この学校は私にとっての「希望の月」になる、今そう思えるのです。

四十七歳にしてグランドソフトボール部に入部した私。クラスメートの十九歳のM君に半ば強制的に入部させられました。しかし、これが実に面白い！　灼熱（しゃくねつ）の太陽の下、あらゆる関節の痛みに耐えながら仲間とともに汗を流す日々。更に調子に乗ってフロアバレーボール部に入部。何と一七年ぶりの東北大会優勝。感動。私は応援だけでしたが。しかし、これも新たな自分。光り輝くあの月は、そんなに遠くにあるわけじゃない。新たな場所で新たな一歩を踏み出した自分は、今確実に月に向かって〇・一ミリメートルの紙を折り始めたのだなと実感しています。ただ、五十を間近にした私にとっては紙というよりはステンレス板かもしれません。

清水の次郎長のように男のロマンを胸に秘め、沼津のワサビのようにピリッと爽やかに、浜松のウナギのように味わい深く生きてゆく。そうすれば「リング」のように輝くあの月に、たどり着ける日がきっと来る。私はこれまで生きてきた中で、そんな実感を今持っています。さあ、輝くあの月に向かって、自分の気持ちに正直に、ワクワク、ドキドキしながら。さあ、いざ行かん！　光り輝くあの「希望の月」へ！　あとはこの、のんきなパパに任せろ！

【本人コメント】　現在、筑波技術大学大学院にて鍼灸学の論文作成中。また同大学附属医療センターにて、外来で患者様の治療を行っている毎日です。「希望の月」へ少しずつ、宇宙旅行中です！

【指導者より】

父として、夫として、教員としての苦悩をこれほどまでに切なく、細やかに語りながら、抜群の話術で笑いをとれる人は初めてでした。入学後、初体験のフロアバレーボール、グランドソフトボールなど、弁論に盛り込める内容が増えていきました。さらに高等部予選、東北大会前の全校朝の会での披露、青森での東北大会、そして全国と、すべて聴衆に合わせたアドリブを挟む余裕もみせるなど論旨が進化しました。特に全国では、静岡には盲学校が三つ、特別審査員は「リング」の鈴木光司さんということで、ご当地ネタを織り込んだら、会場の爆笑に頭が真っ白になり、ジェスチャー交じりのアドリブでの締めとなりました。作り上げていく楽しさを味わわせていただきました。

渡邊　寛子

第八話

「大切」

二〇一五年第八四回大会優秀賞弁論

愛媛県立松山盲学校中学部二年（14）　三好　里奈

皆さん、自分や周りの人を「大切にする」とは、どういうことだと思いますか。私は、自分が見えなくなったことで、このことについて、より深く考えるようになりました。

幼い頃、私の視力は、〇・〇三あり、見えづらさは感じていましたが、家族の顔、きれいな花やかわいい動物などがなんとなく見えていました。毎日保育園に通い、友達と一緒におしゃべりをしながら給食を食べたり、ブランコに乗ったりして、楽しかった思い出しかありません。家に帰ると、兄にちょっかいを出され、「負けてはいられない！」と思い口答えすることもありました。そういえば、よく「あんたは口が達者やね」と言われていました。

小学一年生、私は松山盲学校に入学しました。両親から離れての寄宿舎生活は、少し不安でしたが、友達や先生方と出会い、すぐに寄宿舎が大好きになり、笑顔の絶えない毎日でした。家の近所の児童クラブへも通い、盲学校以外の友達もできました。この頃は、見えづらいことによる苦労や不安は、あまり感じていませんでした。

そんな私が、自分の目に異変を感じ始めたのは、小学五年生の頃でした。漢字の練習の宿題をしていたときのこと。いつもはっきり見えているお手本の漢字が、なかなか見えないのです。「あれ？ おかしいな？ ちょっと目が疲れているからかな？」と軽く考えていました。いえ、そう考えようとしていました。ですから私は誰にもその出来事を打ち明けず、ひたすら見ることを続けたのです。

しかし、六年生になると、私の視力は更に下がり、とうとう色の違いや光が分かる程度になりました。そう、私は進行性の目の病気、網膜色素変性症だったのです。視力が下がったことで、これから先、できないこと、人に頼ることが増えていくのか。苦労して生きていかなければならないのか。あの視力を返してほしい。それが無理なら、前ほどでなくてもいいから見えていたい……。先生と二人きりの教室で、涙が止まりませんでした。

私を待っていたのは、予想していたとおりの生活でした。しかし、私は「前は一人でできていたんだ。人に頼るばかりなんて嫌！ 見えなくなっても自分でできる！ やってやる！」と現実の自分から逃げていました。そしてその結果、できないことだらけの自分を認められないどころか、責めるようになってしまいました。

中学生になっても、私の自分を責める気持ちは変わりませんでした。

そんなある日、本校の生徒会誌「あゆみ」を読んでいたときのことです。ある一言に手が止まりました。

「自分を大切にできる人は、人も大切にできる!」

今までこんなことは考えたこともなかった私は、「大切にする」とはどういうことか改めて考えてみました。

まず周りの人。これは、「感謝する」ことだと思います。「周りの人を大切にする」とは「手助けをする」ということだと考える人も多いかもしれません。しかし、今の私の場合、助けるよりも助けられることのほうが多いです。だから、自分の時間を割いて私のためにしていただいたことに対し、心から「ありがとう」の気持ちを持ち、それを伝えたいと思います。それが私の「大切にする」ことなのです。

次に自分を大切にすること。一つは努力して自分を高めることです。私には目標があります。母のように仕事をして、自立して、結婚して家族がいる生活を送ることです。将来は、大好きな英語にかかわる仕事をしたいと思っています。その目標を実現させるために、努力を怠ってはいけないと思います。ゆっくりじっくり取り組んでいきます。

もう一つは、今の自分を認めることです。今の私に足りないことは、応用力やコミュニケーション力、家事能力。少しでも向上するように心掛けていますが、できないことが多すぎて、「まだまだこんなのでは駄目だ」と、自分が嫌になることもあります。結果がなかなか出ずに、焦ることもあります。でも、頑張っている自分を認め、ときには褒めることも大切だと最近思えるようになりました。
今も、目の病気は進行しています。色の違いが分かりにくくなったり、急に目の前が真っ暗になったり。何かをするとき人より時間がかかってくじけそうになることもあります。そんなときは、将来本当に自立できるのか不安になります。でも私には、私を支えてくれるたくさんの人たちがいます。家族、友達、先生、遠くで支えてくれている人たち。そんな周りの人たちへの感謝の気持ちを忘れません。絶対に。
そして、今日の自分にできることを考え、今を精いっぱい歩んでいく自分を好きであり続けたいと思います。

【本人コメント】

全国大会まで出場できて、たくさんの方々に自分の思いを伝えられてうれしかったです。今では障害に対する思いは変化しつつありますが、自他を大切にする手法は今でも変わりません。

【指導者より】

当時、三好さんは「見えなくなっていく自分」を受け入れつつある状態ではありましたが、中学二年生でそうなっていく数年間を思い返しながら一点ずつ打っていく作業は苦しかったのではないかと思います。しかし、自分を変える一言と出会い、殻を破り始めた自分に気付いた時期でもありました。初稿は溢れ出す思いが沢山あり、文字数をかなり超えていました。二人で何度も話し合い、言葉を変えてすっきりさせてみたり、心の機微を拾う言い回しを考えたりしました。また、発表する際には「声に表情を付ける」ことを意識して、一言一句に気持ちをのせました。小学部から専攻科の仲間が集まり応援してくれ、大きな励みになったことが思い出されます。

白石　文枝

第九話

「未来へのとびら」

二〇一六年第八五回大会準優勝弁論

兵庫県立視覚特別支援学校高等部普通科三年(18)　石井　千月呼

皆さんは自分の障害で悩んだことはありますか。高校生になったころから、私は自分について悩むようになりました。それは、「どうして私は視覚障害を持って生まれてきたのだろう」という答えの出ない問いでした。

家に帰れば、障害があるのは私一人。家族で外出した時、自分だけ周りの様子がわからないこと、バイキングでは、誰かに付き添ってもらわなければならないこと、買い物に行っても、どのようなものかがわからないことなど、日常のささいな場面で、悔しさを感じるようになりました。しかし、家族には決して、悩みを打ち明けませんでした。「私がこんなことで悩んでいると知ったら、母が悲しむのではないか」。そう思ったからです。つらくなったときには、トイレにこもって、声を殺して、一人泣きました。

しかし、高校一年生の春休み、とうとう我慢できなくなって、家族の前で涙を流してしまいました。コップの水があふれだしたように、涙が止まりませんでした。「どうしたん?」「なんかいやなことでもあったん?」と母に聞かれました。私は素直になれず、「何もない」と言い張りました。しかし、普段私が見せたことのない姿に驚いたのか、母は問い詰めてきました。「お母さんには関係ないことやからほっといて。どうせ言ったってわからへんし」。混乱した私は、ひどい言葉を投げつけました。それでも、母は、ずっと私のそばにいてくれました。何時間か泣き続けたのち、本当の気持ちを打ち明けました。母を悲しませたくない、そう思い続け、一度も打ち明けたことのなかった自分の気持ちを吐き出した時、胸の中にあったものが少し軽くなったような気がしました。母は私の気持ちを知り、「つらいこともあるよな。でも、家族がついてるから大丈夫。一緒に頑張ろう」と言って抱きしめてくれました。その時私は、父と母の子供でよかった、と心から感じたのですが、正直、これだけではふっきれなかったのです。

ふとした時に涙はあふれ、そのたびに「私には、温かい家族がいる」と自分に言い聞かせました。夜になり、一人になると、いつも涙の嵐でした。まぶたは腫れ上がり、頭痛もしました。

「どうして私だけ目が悪いんだ。もし普通に見えていたら。一人で出かけて、一人で買い物をして、何気ない周囲の様子に笑って」「なんで私だけが」ということだけがずっと頭の中を回っていました。最後には、涙を流す理由すらわからなくなりながら、泣き続けていました。

しかし、ある日、ふと気づいたのです。「こればかりは、仕方のないことなんだ」と。私は泣いている自分が、ばからしくなりました。「泣いたからといって、目がよくなるわけじゃない。泣いて解決することではない」「確かに、目が悪ければほかの人と同じようにできないことがある。でもできないことを不幸と思うより、代わりに自分ができることを増やそう」。そうポジティブに考えられるようになったのです。

私は、英語が大好きです。将来は、英語に携わる仕事に就きたいと考えています。夢をかなえる第一歩として、「大学に行く」と決めました。海外に友達を作りたい。オーストラリアに一人旅をしたい。留学して、さまざまな国の人とふれあい、その土地の空気や文化を体で感じたい。たくさんの目標もできました。

私は、自分と向き合ったことで、一つ成長できたと思います。人生はいいことばかりでなくてもいい。大変なこと、つらいことが自分を強くする。苦しみの先には、必ず幸せが待っている。そう信じています。さあ、二〇年後、三十八歳の私はどこで何をしているのでしょうか。

【本人コメント】

自分の気持ちを思い切って伝えることで、共感してもらえたり、夢の実現に希望を保てたりすることを感じました。大学進学や留学を経験し夢が少しずつ実現できている喜びを感じています。

【指導者より】

本校の高等部普通科には、在学中に必ず一度、校内弁論大会に出場しようという約束があります。自分の思いを発表できる機会は一回限り。石井さんが手を挙げたのは三年生の時でした。石井さんには伝えたいことが沢山あり、最初は原稿用紙で二枚を超えていました。「この中で一番伝えたいことは何だろう」。彼女が選んできたのは、高等部二年の春の「自分はなぜ障がいを持って生まれてきたのだろう」という苦しみと、それを乗り越えるまでの道のり、中でもお母さんとのやりとりでした。それから何度も何度も書き直し、出来上がった弁論は石井さんの魂の叫びともいえるものでした。それが聴いてくださった多くの方々の心を揺り動かしたのだと思います。

寺島　愉美

第一〇話

「Ame（あめ）」

二〇一七年第八六回大会優勝弁論

静岡県立浜松視覚特別支援学校高等部専攻科理療科二年(28)　望月　達哉

雨が降っている時どうしますか？　傘をさすでしょうか？　走って家に帰るでしょうか？　あっ、今日は帰らないでくださいね。では心の中に雨が降っている時どうしますか？

私は経済的な理由で大学を中退してから五年間、一般企業で働いていました。視力の低下から特別支援学校へ通うことを決意した一昨年の夏、仕事を辞め、実家に帰ろうと考えていました。実家とは疎遠になっていましたが、頻繁にお金の無心があったことや、糖尿病を患っていた母の入院費を負担していたことから、文句を言われることはないだろうと考えていましたし、実際反対されませんでした。ですが、私の計画はすぐに破綻します。

その秋のことでした。食事制限を守ることのできなかった母は、食べ物を喉につまらせ意識を失いました。

病院で母のやせ衰えた青白い顔を見た時、複雑な気持ちになりました。大学生の時、校納金のことで喧嘩したまま疎遠になっており、素直に悲しいという気持ちにはなれなかったからです。ドクターから、亡くなる可能性が高いことや、一命をとりとめたとしても寝たきりになるだろうという説明をも冷静に聞くことができるほどでした。ですが、深夜の病室に親子三人でいると、私は自然と母に声をかけていました。何時間も何時間も返事のない母に向かって話し続け、明け方になるまで声をかけ続けている自分に気が付いた時、憎んでいるとさえ思った母が自分にとって大切な存在であるということを思い知らされました。朝になり、私の呼びかけに対して母の手が動いた時、うれしさで涙があふれました。翌日になり意識を取り戻した母が私に電話をかけた時、仕事中で電話を取ることができませんでしたが、後で会えばいいと簡単に考えていました。ですが意識を取り戻したことで残った体力を使い切り、母は亡くなりました。生前にもっと話をしていれば、せめて最後に電話を取っていれば、という思いに、しばらく呆然としてしまいました。

そして、悪いことは重なり、葬儀から三カ月後に父が自転車の操作ミスで側溝に転落し、他界しました。酒にタバコ、ギャンブルと、自分の好きなことばかりしている人だとさげすんでいました。それでも事故現場を見に行った時、冬の冷たい水の中で寒い思いをしただろうか、頭を打ち付けてどんなに痛い思いをしただろうかと思いを巡らせると、やはり悲しみが押し寄せてきました。両親の亡きがらを目の当たりにし触れた時の、あの冷たい感覚は生涯忘れることがないと思います。

その後家の整理をしていると、両親に多額の借金があったことや、父が生前実家を売却していたことが分かりました。住む家もなくサポートを受けることもできないのでは学校へ通うことを諦めなければいけないのかと思い、前途を断たれたような気がしました。会社からは以前のように働いてもいいと温かい提案をいただいていましたが、視力を失えばその会社で働くことはできなくなります。なので、安心することはできません。この時私の心には、雨が、強く降り注いでいました。

そんな気持ちを抱えながら働いていた去年の一月のことです。休日が、あるシンガーソングライターさんのライブと重なりました。その方の歌を初めて聴いた時、底知れない苦しみを抱え立ち向かっているような力強い雰囲気に一瞬で引きこまれていました。家にいても鬱々とするばかりなので、気分転換の意味も込めて北参道へ足を運びました。そこで、雨をモチーフにした曲に出会いました。歌詞の中に、「心に雨を降らせているのは誰か分かっている」というものがありました。楽曲全体を通して聴けば、雨を降らせている、すなわちネガティブな気持ちになっているのは自分自身が原因だ、と伝えていることがよく分かります。そしてこの日の最後の一曲は、人生を航海に例えたもので、「今も広い海の上、一人」「死ぬなよ、生きろよ、生き抜けよ」という歌詞が印象的な曲でした。この二つの曲を聴いて、どんなに辛い時でも、たった独りぼっちだとしても諦めてはいけない、気持ちを沈めているのは自分自身なんだよ、と諭されているような気がしました。そして、意志を強く持ち、最後まで生き抜いていける力を身につけよう、と決意しました。

雨降って地固まる、です。どんな困難な状況も、見方を変えれば成長のチャンスだと思います。私は今、理療科で学んでいます。借金は相続放棄をして全てなくなりました。学校が休みの日には以前と同じ会社でアルバイトをさせてもらっています。生きるために、生き抜くために働き、勉強して、立派に成長していこうと思います。そしていつか、相続放棄で土地ごと失ってしまった先祖代々の墓を買い戻し、墓の前でもう一度父母とゆっくり話をしたいと思います。

東京であの歌を聴いて、心に雨を降らせることができるのは、七四億人が暮らす地球上でたった一人、他の誰でもなく自分自身でしかないと確信しました。ならば、雨雲は自分で払いのけるしかありません。一人だとしても、誰かの助けを借りたとしても、時々休んだとしても、諦めてはいけません。たった一度の人生です。明るく楽しく終えることができるよう自分自身に責任を持っていきたいと思います。

【本人コメント】

私は今、理療科教員になるために東京に来ています。多くの方の力を借りている航海も順調です。雨雲をはらせずにいる誰かの力になることができるよう邁進していきます。

【指導者より】

最初、望月さんは障害の捉え方についての弁論を書いてきました。大事なことですが、全国の優れた弁論の中で強く光り輝くことは難しいかも…。私には案がありました。当たり前と言えば当たり前ですが、自分にしかない体験を基にした弁論を作ればいいのではないか、と。書き直しは九～一〇回。印象的なエピソードに絞り、表現や文章構成を工夫して趣旨が明確になるようアドバイスしました。言葉一つの無駄もない、深い感動をもたらす弁論『Ame』が出来上がりました。地方大会を勝ち抜き、広島の全国大会当日。会場に望月さんのいい声が響き渡ると、かすかに息を飲む気配や小さなどよめきが、舞台袖の私に伝わってきました。本当の思いはこうして人の心を打つのだなあ…。まぎれもなく。最高の経験に、私も感謝の気持ちでいっぱいです。

若森　恵子

第二話

「心のハーモニー」

二〇一七年第八六回大会準優勝弁論

兵庫県立視覚特別支援学校高等部普通科三年(17)　大橋　実華

皆さんは、「障害を受け入れて生きる」とは、どういうことだと考えていますか。今の私にとって、それは「ありのままの自分を隠さず生きる」ということです。

私は小学校二年生の時に、視神経髄膜炎という病気で突然、強度弱視になりました。しかし、子どもだった私は、深くは受け止めていませんでした。

地元の中学に進学し、音楽が好きな私は、吹奏楽部に入部しました。楽器はクラリネットで、演奏することは楽しく、楽譜が見えないため、暗譜をするなどの苦労はありましたが、毎日が充実していました。最高学年になると、パートリーダーを任され、責任感と、後輩の手本になりたいと、強い意気込みでいっぱいでした。

ある日、後輩が、「分からないところがあるんですけど」と、楽譜を指さします。しかし、音符が見えない私は、とっさに、「ごめん、そこ難しいやろ。私も分からへんねん」と答えてしまいました。その瞬間、後輩の前で、楽譜に目を擦り寄せて見るのが、悔しく、恥ずかしく、「私は目が悪いんだ」という現実がグサリと胸に突き刺さったのです。合奏練習の時には、その場で楽譜を渡されることも多く、私が全く吹けなくて、パート全体が叱られることもありました。自信を失った私は、自分のせいでまわりに迷惑をかけていることがつらく、ただただ、自分のふがいなさを責め続けていました。

自分が病気であることを隠したい。私なんて大嫌いだ。家に帰っても、「なんで私だけ目が見えへんの」、「目が見えとったら、ちゃんと教えてあげれるのに」という思いばかりが頭の中を渦巻きます。この思いを誰かに聞いてほしい。けれど、口に出すことはできませんでした。

そんなある日、ふと、一本のドキュメント番組にひきつけられました。一人の重病になった少女が、「私が病気になってつらい思いをしているのは、お姉ちゃんの代わりなんだ」と語っていました。ハッとしました。私には「なんで病気になったのはお姉ちゃんじゃなくて私なんやろう」と思った時があったからです。彼女はなんて強いんだろう。その瞬間、何かがふっきれたように「病気になったのは仕方がないんだ、私も強くならなければ！！」と思いました。

このままではいけない。ある日、勇気を出して同じパートの友達に、「数字見えへんから、針合わしてくれへん」とメトロノームを渡しました。するとその子は「うん、ええよ」とごく自然に答えてくれました。「こんなにも簡単なことだったんだ」。本当にうれしかった。友達の自然な態度に、体中の力が抜けるような安心感を覚えました。

その時から、テンポを変える時にも何気なく声をかけてくれるようになりました。そんな仲間たちと作り上げた音楽は、コンクールで金賞を取ることができました。一生忘れられない大切な思い出です。

高等学校は、視覚特別支援学校を選びました。毎日気を張って、必死で生きていくことに疲れていたのかもしれません。同じ障害を持っている人たちと生活したいと考えて入学しました。配慮ある生活の中で安心して授業を受けることができ、のびのびと意見を言い、飾らない自分を出して過ごすことができました。しかし、この世界から巣立つ時は必ずやってきます。

今の私に「ありのままの自分を隠さず生きる」覚悟はできているでしょうか。私は自分の障害を完全に受け入れることができていません。白杖を持つことに戸惑いがあったり、さまざまな場面で「恥ずかしい」と感じてしまうことがあるのです。しかし、一歩ずつ、少しずつそんな自分を変えていきたい！　と思いながら生きています。

今の私があるのは、吹奏楽部での経験があったからこそです。この先もずっと音楽と関わっていきたい、演奏し続けて、音楽の素晴らしさを伝えていきたい。

そして、たくさんの人々と出会い、人を大切にし、心を通い合わせ、美しい心のハーモニーを奏でて生きていきたいです。

【本人コメント】

初めての弁論でとても緊張しましたが、自分の思いを沢山の方に聞いてもらえてとても嬉しく、忘れられない思い出となりました。今は理療の道に進み、沢山の人に施術していきたいです。

【指導者より】

普段明るく過ごしているように見える生徒たちの心の中には、沢山のドラマがひっそりと折りたたまれているのだと思います。それはとても大切で貴重なものではないでしょうか。中学生だった大橋さんの戸惑い、悲しみ、勇気、喜び。思春期の少女の心の揺らぎは、彼女が語ってくれなければ誰も知ることができないものでした。そしてまた、今の自分についても正直に語ってくれています。その心を表現するにはどんな言葉がふさわしいのか、時間をかけて一語一語考え抜いて完成した弁論です。彼女はその思いを、感情を込めて丁寧に語りかけました。弁論大会があることによって、私たちは多くのことを教えられ、知ることができるのだと思います。

寺島　愉美

第一二話

「『自信をもつ』ということ」

二〇一八年第八七回大会準優勝弁論

新潟県立新潟盲学校高等部普通科一年(15)　斉藤　未帆

「自分なんか、何もできない」誰しも、一度は思ったことがあるだろう。

私は、生まれ持った目の障害のこともあって、特にそう思うことが多かった。いつも後ろ向きで、人間関係もうまくいっていなかった。クラスメートの陰口が、全て自分に向けられたものに聞こえてしまう。私は、そのことのすべてを障害のせいにしていた。「自分なんか、きっと何をやってもうまくいかない」

いつも、そう心のどこかで決めつけて、何に対してもやる気が起きなかった。そんな私に、いつも母は言う。「自分に自信がないから、そんなふうに思うんじゃない？　もっと自信持ちなよ」「は？何言ってんの？　何も知らないくせに……。だいたい自信持ってってどうやって？」

そんな私でも褒められればそれなりにうれしいし、そこそこの自信なら持てていた。でもそれは、ほんの一瞬のことでしかなかった。しばらくすると「自分のことを褒めてくれていた人は、本心から自分のことを褒めてくれていたのか？」と考えてしまう。

「未帆は絵を描くのがうまいね」。そう言われて初めは素直にうれしくて、自信を持てたような気になる。でも時間が過ぎるのとともに、「きっと、お世辞で言ってくれていたのだろう」と思ってしまう。私は今まで、こんなことを何度も繰り返してきた。それでも、一瞬でも自分に自信を持つ方法を、私はこれしか知らなかった。

そんなふうに毎日を過ごしているうちに、私は人のことを信じられなくなってしまっていた。「クラスの男子が、後ろでコソコソ話してる。私の悪口を言っているのかもしれない」「クラスの女子が、こっちを見てクスクス笑ってる。私を見て笑っているのかもしれない」

いつしか学校も休みがちになり、家族の言うことですら信じられなくなってしまっていた。そんな私に、また母が言う。「もっと自信持ったら？」「自信持ってっていうけどさ、どうやって持ってっていうの？」「そんなの簡単じゃん。自分一人でもできることを増やせばいいんじゃない？」

はっきり言って意味が分からなかった。でも、「やってやろう！」と思った。

まず、一番自分に身近な人間関係のことから克服しよう。「でも、どうやって？」

私は今まで、自分と仲の良い人としか関わってこなかった。自分から話しかけても冷たい反応をされたり、無視されて傷つくことが怖かった。「障害のある私なんかと、話してくれる人がいるのだろうか?」

いつもそんなことを考えて、人と関わることから逃げてきた。ある日の放課後、私が一人で教室で勉強していると、クラスの男子が一人教室へ入ってきた。私の数少ない信頼できる人である。しばらくたわいのない話をしていたが、私は思い切って人間関係のことを相談してみた。「ねえ、私、人と関わることが怖いんだ。どうしたら、うまく人と関われるのだろう?」「はあ? 未帆さんなら大丈夫でしょ。もっと勇気出してみなよ」「できるかわからない。でも、やってみよう!」私はそう思った。それから、しばらくしたある日。「未帆。未帆って、どの辺まで見えてるの?」「えっ!?」いつもなら絶対に話さない人に話しかけられて私はとても驚いた。勇気を出せ、自分! 素直に答えればいいだけだ。「あの辺、とか……」「へー。初めて知った! ありがとう」。すごい! 本当に話せた。嬉しい! なんだか気持ちが軽い! これを自信というのだろうか。ただ、「もっと頑張ろう!」と思った。

それから、私は変わったと思う。誰とでも積極的に関わるようになったし、今までの私なら絶対に引き受けなかった行事の実行委員にもなった。何か新しいことに挑戦することで、毎日の生活が充実したものになった。そして、あれほど嫌だった学校でさえ、心から楽しいと思えた。「これが自信だ!」と思った。私は思う。「自信とは、誰かに言われて持つものではない」

私の場合は、本当に障害のせいで自信が持てなかったのか? それとも最初から、持とうとしていなかったのか？　自分とよく向き合い、今の状況があるのはどうしてか考える。そして今、自分にできることとできないことをはっきりさせ、それを受け入れ、その一つ一つを克服することで、自信を持てると思う。そして自信を持つことで、毎日の生活が楽しくなる。勇気が出る。やる気が出る。

私は今、親元を離れ、新潟県立新潟盲学校へ入学し、寄宿舎へ入舎した。毎日分からないことも多く大変だけれど、自分一人でもできることが一つ一つ増えているのを感じるのが、とてもうれしいし、楽しい。最近、「未帆は生き生きしてるね」とか「こんなに楽しそうな未帆、初めて見た！」と言われるようになった。それはきっと、盲学校に入学してみんなと話したり関わったりしていく中で、「盲学校のみんなは、今までの私とは全く違う」ということに気が付いたからだと思う。みんなは、私と同じような障害を抱えていても、こんなにも自信に満ちていて、楽しそうで、私よりずっと自立している。「私もこんな人間になりたい！」　そんな一種の憧れのようなものを感じた。そうした中で、また新しい目標ができて、それに向かって努力していくうちに、また自分一人でもできることが一つ一つ、でも確実に増えていることを私は感じている。

私の今の目標は、社会に出るまでに自立すること。私はそのために、盲学校に入学して初めて「白杖」というものを手にした。最初は、白杖をどういう時に使うのかすら分からなかった。でも今は違う。ぎこちない部分はあるが、少しずつ上達していると私は感じている。私はこれからも、たくさんのことに挑戦していきたい。いつか自信を持って、自分のことを「好きだ!」と言えるようになるために……。

【本人コメント】

私は今、将来事務の仕事に就くためにパソコン教室に通うなど、目標に向けて頑張っています。また、一人暮らしをするため掃除や外出など、一人でできることを増やしています。

【指導者より】

親元を離れて高等部へ入学したばかりの彼女に、弁論大会出場は負担にならないか…。そんな心配をよそに、高校生らしい素直な文章で、原稿を仕上げました。そして、始業前や放課後に、何度も練習を重ねました。姿勢、視線、声量、話すスピード、抑揚のつけ方などの指導をしましたが、最後に一つだけ彼女に伝えました。「会場にいる皆さんに自分の思いが届くように気持ちを込めて」全国大会では、彼女の思いがあふれる、素晴らしい弁論を聞かせてくれました。そして、二年生の今、弁論大会で述べた「社会へ出るまでに自立すること」を目指し、努力を重ねています。将来の夢を実現するために、「自信」をもって、前に進んでほしいと願っています。

樋浦　恵

第一三話

「井の中の蛙大海を知らず」

二〇一八年第八七回大会第三位弁論

埼玉県立特別支援学校塙保己一学園高等部普通科一年(15)　秋元　美宙

「食べるの大好き、運動苦手」。それが小学部の時の私です。そんな私も中学生になり、陸上を始めました。初めのうちは走るたびにタイムも上がり、気持ちもぐんぐん上向きでした！　が……、それも三カ月で途絶えてしまい「どうしたら、もっと速く走れるようになるんだろう？」と悩みながら、部活を続けていました。続けることでタイムもついてきて、「大きな大会に出場したい！」という気持ちも出てきました。そんなある日、体育の授業で整列していると、先生が「今から今年の全国障害者スポーツ大会に選ばれた人を発表します。秋元美宙さん！」。「ええ！！　うそでしょ！」。夢か現実か、一瞬分からなくなりました。しかし、それは現実です。「やったー！！」。うれしさのあまり、笑顔がこぼれました。この大会が、今までの自分を大きく変えてくれることとなるのです。

それからは、強化練習会が度々ありました。そこでは、視覚以外の障害がある人たちと会う機会がたくさんありました。例えば、聴覚、知的、肢体不自由などです。「耳が聞こえないと、自分の気持ちは手話がわかる人にだけ話しているのかな？　大好きなＪ－ＰＯＰも聞けないなんて、そんな生活、私はムリだ」。「手足が不自由だと、生活まるごと誰かがずっと介助しているのかな？　一人の自由な時間がなくてかわいそうだな」。そんなふうに思っていました。強化合宿もありました。合宿の女子の部屋は大部屋で、その中で視覚障害者は私だけでした。「みんな、どのようにして日々の生活を送っているのだろう？　きっと苦労が多くて大変なんだろうな」と思っていました。でも、どうでしょう！　みんな自分のことは、てきぱきと自分でやっています。そして私が、その人たちに助けてもらう場面が度々ありました。聴覚障害の方は手話だけでなく、スマートフォンなどを使い文字で会話をしていました。みんな楽しそうにコミュニケーションを取っていました。肢体不自由の方は、介助者の方に積極的に支援依頼をしながら、一つ一つの生活を組み立てていきます。むしろ、その人と人とのつながりを楽しんでいるようにも見えました。それは、私たち視覚障害者にも通じるところがあります。

　ある時、練習が終わり休んでいると、近くにいた男性から「何の障害ですか？」と聞かれたので、「私は視覚障害があって、両目とも全盲です」と答えました。すると、「僕は足に障害があって、義足を付けているんだ。触ってみる？」と、私に義足を触らせてくれました。それは固くて大きくて、足に合わせて作られていました。「こんなに大きな物をはめて過ごしているなんて、動きづらそう……。重くないのかなあ。でも、そんな様子いっさい見せてないし……。自分からいろいろな人に話しかけていて、明るくて素敵な人だなあ」と感じました。私は今まで、「障害者を可哀そうだとは思わないでください」と、散々言ってきました。しかし結局、「自分の障害のことだけで他は何も分かっていなかったんだ」と、そんな自分が恥ずかしくなりました。『井の中の蛙（かわず）大海を知らず』とはこういうことか」と痛感しました。その合宿では、「助け合う大切さ」また「どんな障害でもさまざまな工夫によって乗り越えていけること」を改めて知ることができました。誰から見ても魅力的な人になれるかどうかは、「それぞれの障害に対し、本人がどう向き合っているのか」ということなのです。この「大会」で、私は図らずも大きな海、「大海」を知ることとなったのです。

いよいよ大会当日、目の前を高速で走り抜ける車いすの音を聞きながら、「すごい。車いすなのにあんなに速く動けるんだ！」「障害があっても一般のオリンピック選手に近いタイムが出せるんだ！」と感動し、驚きで胸がいっぱいになりました。私がその時獲得したメダルは、単に競技の「メダル」ではなく、そんな素晴らしい世界を見せてくれた「メダル」でもあります。私は今まで、いろいろなことを知ったつもりで小さな池の中をぴょんぴょん跳びはねていた「蛙」でした。でも全国障害者スポーツ大会に出たことで、プラスになる知識、いわゆる少しですが「大海」を知ることができました。これからもさまざまなことに積極的に取り組み、いろいろな人と出会いを重ね、もっともっと大きな「人生」という海を楽しく泳いでいきたいです。

【本人コメント】

私は弁論大会で自分の経験を語ってから、更に広い世界が知りたくなりました。今の夢は、海外に行って自分の視野を広げることです。

【指導者より】

秋元さんは、『井の中の蛙…』の二年前にも情感溢れる弁論で全国大会の会場を沸かせてくれました。ショックを受けたこと、辛いこと、それが全て自分の中で綺麗な花を咲かせていくという内容です。羨ましくなるような素敵なご家族の中で、天真爛漫にまっすぐに生きている美宙さん。さまざまなことに積極的に挑戦し、誰に対しても明るく、優しい。そんな彼女が成長とともにたくさんの他者と出会い、鋭敏な感性で社会と関わりを持っていく。悩んだり苦しんだりもするけれど、それ以上にその刺激を自分の生きる糧にしていく力を持っているのです。新しい発見、それはまた彼女を一回り大きくしてくれるものなのですね。大きな海に泳ぎだせ！　応援しています。

吉場　登美子

第一四話

「とらえ方次第で世界は変わる」

二〇一八年第八七回大会優秀賞弁論

徳島県立徳島視覚支援学校中学部二年(14)　川本　一輝

皆さんは補助具を使うことに対して、抵抗やためらいはありましたか？　正直、僕にはありました。恥ずかしいという気持ちが心のどこかにあり、人前ではあまり使いたくありませんでした。

僕がまだ小学校三年生の頃、学校で一人だけ単眼鏡やルーペを使っていました。僕にとっては「相棒」と言っていいほど、黒板や文字を見るときには欠かせない補助具でした。しかし、学年が上がるにつれて、周りの目線を気にしてしまい、人前で使うのを恥ずかしいと思うようになってしまいました。なので、できるだけ人前では使わないようにしていました。けれど、どうしても使わなければならないこともあり、そのときには大変恥ずかしい思いをしていました。

また、これまで一人で外出する際には、慣れた所か自宅近辺などしか家族に認めてもらえませんでした。僕が小学校五年生になった頃、友達に「行ったことのないお店へ行こうよ」と誘われました。

内心、「家族以外の人と遠くへ行ってみたい！」という好奇心が芽生えていました。そのことを家族に相談してみると「危ないから絶対あかん！」と、猛反対されてしまいました。つい、カッとなった僕は「危ない、危ない、いつもうるさいなー！」と、声を荒げてこう言ってしまったのです。けれどあの言葉は、僕を心配してのひと言だったのだと思います。家族が反対するのも無理はありません。なぜなら、今使っている補助具をフル活用したとしても、安全に歩くことはできないのですから……。これは紛れもない事実で、何ともいえない複雑な気持ちになりました。

またある日、一人で家の近くを歩いていると、点字ブロックの上だったにもかかわらず、自転車と正面衝突しました。「すみませんっ！」と、すぐに謝ったのですが、相手の高校生は「どこ見て歩いとんなっ！」と、謝るどころか怒りをぶつけてきました。僕には、どうして相手の高校生がそこまで怒っているのかが、よく分かりませんでした。ただ言い返すこともできず、「すみません！」と謝りながら、その場を立ち去ることしかできませんでした。その後、あれこれ考えてみました。僕が見えにくいということを相手に伝えることができていれば、あんなことを言われなかったのではないか……と。

そしてまたある日、家族で外出している時に徳島駅前を通りかかりました。徳島駅前で、白杖を使って歩いている人を見かけました。その人は人通りの多い時間なのに、真っ直ぐ一人で歩いていました。それを見て「僕も白杖を持てば、一人で駅を歩けるんだっ！」と、驚きの気持ちでいっぱいになりました。一人でも安全に歩ける方法を見つけたような気がしました。

そして昨年、徳島視覚支援学校に入学しました。最初は同級生がいないと聞き、戸惑い、不安に思いました。でも、先生方はとても親切にご指導くださり、先輩方もとても優しかったので、すぐになじむことができました。そして新しい生活にも慣れてきた頃に、白杖の練習を始めました。初めて白杖を振ったときは、とても難しかったものです。そして練習に練習を重ね、徳島駅前を歩く時がやってきました。やはり人目を気にしてしまいました。でもバスに乗ると、「ここが空いてるよ」などと優しく声をかけてくださる方もいて、とてもうれしかったのを今でも鮮明に覚えています。その時、僕の心の中で恥ずかしさは一気になくなりました。それどころか、今まで恥ずかしいと思っていた自分が馬鹿らしく思えてきました。それからです。僕は人前で補助具を使うことに対して抵抗はなくなりました。

では、どうして今までは抵抗があったのでしょうか？　それは「自分が視覚障害者である」ということに、恥ずかしいと思っていたからだと思います。でも、その理由は今でもよく分かりません。ただ、もし今そんなことを思っている人がいるなら、周りの目なんか気にしなくていい。視覚障害者であって、良かったと思うことを探してみてください。きっとあるはずです。僕は視覚障害者であったことで徳島視覚支援学校に入学し、自分のことを大切に思ってくださる先生方や友達、先輩と出会うことができました。みなさんも自分のマイナスだと思うところを、プラスに考えてみてください。

すると、何かきっと良いことがあるはずです。「とらえ方次第で世界は変わる」。

【本人コメント】

大会当日は大変緊張していましたが、いざ発表を終えてみると、自分の思いを人に伝えることができ、とてもよい経験をさせていただいたと感じています。

【指導者より】

今回は、多くの方々が弁論に聴き入ってくださるよう、「聞き手を意識して表現すること」をテーマに取り組みました。日々の練習で共に試行錯誤することで、彼は台詞や身振り手振りを入れ、感情を込めて声に抑揚を付け、間の取り方に変化をつけた表現ができるようになりました。工夫を凝らし完成度を高めていくに当たって、彼の心の支えとなったのは、先生方からの助言や他の生徒たちからの励ましの声だったと思います。全国の舞台で自分の思いを主張できたことは、彼にとって大変貴重な「財産」となりました。これからもよい弁論を目指して挑戦し続けていってほしいと思います。

近藤　麻里

第一五話

「シロウサギ」

二〇一九年第八八回大会優勝弁論

福島県立視覚支援学校高等部保健理療科一年(19)　常松　桜

因幡、白虎隊、もののけ姫のオッコトヌシ、さて共通点はなんでしょう？

二〇〇〇年四月八日、元気な女の子が生まれました。でもその赤ちゃんの瞳は赤かったのです。

皆さんはシロウサギを目の前にしてどうおもいますか？「真っ白で可愛い？」。それを人間のアルビノにして、考えてみてください。目の前に、突然、肌も髪の毛も眉毛もまつ毛も全部白い人間が現れたら、どう思いますか？　人間は何か普通とは違うものや出来事に出くわすと、それを非難する生き物だと私は思います。

見た目が白いがために、「怖い」とか「奇病」とか言われました。

幼稚園の入園式で隣に座っている子の髪の毛は黒い。その隣にいるその子のお母さんの髪の毛も黒い。ずっと私の隣で笑う母の髪の毛も黒い。私の髪の毛は白い。大好きな母のはずなのにどこか違う世界の別人かと思いました。

小学校の頃、自分を隠すことを覚えました。最初はなんの抵抗もなく見せていた髪の毛も、次第に帽子を深く被るようになり、たまに隠しきれなくて、白い髪の毛が見えてしまうと、指をさされ、笑われ、悔しかったです。

六年生の春に、周りと比べるようになるにつれて、ありのままの自分が嫌になり、黒く髪の毛を染めました。帽子を被らずに外へ出ると、じろじろ見られることは少なくなり、自分が抱えていた荷物が減った気がしました。

中学校の頃、体育の授業でのバレーボールは大嫌いでした。弱視の私には、上から降ってくるボールの距離感がつかめません。みんなが試合をしてる中、端の方でただひたすら、トスの練習をしたこともありました。

吹奏楽部では、フルートのソロを任されることもありました。指揮が見えないので、自分でほかのパートの音を聞いてタイミングを計りました。急に楽譜を渡されて即興で吹けと言われてもできずに立ち往生しました。それでも音楽の中に身を置くことが楽しくて続けられました。

三年生のとき、フルート一本で私立の高校の特待生を受験しました。結果は不合格。「なんで」。頭に浮かんだ三文字が涙とともに口から流れました。

先生が言うには、高校側は障害のある子を配慮しきれないと判断し、不合格になったそうで、その訳の分からない理由なんてちっとも耳には入ってはこなくて、ただ、受験の判断基準が、私の演奏ではなくて、障害であったことを憎みました。

もう何も分からなくなり、家に帰り一晩中泣きました。

周りが次々と合格して喜んでいる姿を見て、自分にはないものを持っている友達に腹が立ち、そのストレスを親にぶつけました。

ゴミ箱を窓ガラスに思いきり投げつけてガラスを割ったこともありました。雪が降っている中、ジャージー一枚でひたすら山に向かって歩きました。どうしたらいいかも分からなくなり、意識がもうろうとした頃に母が私を見つけ、いつも通りの声で「雪すごいな、寒っ」とか言いながら、手を握って家まで歩いてくれました。

何もかもを捨てて飛び出したあの日、母は私の背中を強く押していてくれていたのだと思います。

視覚支援学校に入学して、普通科での三年間は、視覚障がいと向き合うことができました。そして空飛ぶバレーが嫌いだった私が、地をはうボールをおいかけて、三年連続の全国大会出場を果たし、第一回埼玉大会では敢闘賞をいただきました。

理療科の入試を終えて、真っ黒だった髪の毛を真っ白の元の自分の髪の毛に戻しました。

視覚障がいをもつ仲間や先生方と学ぶ中で、ありのままの自分が一番美しいと考えたからです。

生物界で白いアルビノは、天敵にすぐ見つかりやすく、生きることが難しい。これと同じで、社会で障がい者は弾かれ、差別されがちです。

アルビノのモデルさんが活躍する現代、これから大人になろうとしているアルビノの子供たちのためにも、胸を張って、人の痛みが分かる、かっこいい理療師を目指します。そして、己を見失うことなく、心に芯を持ち続け、まだまだ偏見のある社会を私なりの発信で、変えたいと思っています。

母子手帳に母が書いてくれた言葉「我が家に天使が生まれました」。この言葉に恥じぬよう、シロウサギは跳躍します！

stand out fit in.（はみ出して、なじめ）

【本人コメント】

優勝を機に沢山の方にアルビノを知っていただくことによって、自分がすべきことの第一歩を踏み出せたのかと思います。出会いに感謝。シロウサギの跳躍に乞うご期待！


【指導者より】

普通科時代、「命の理由」という題で県のモラルエッセイコンテストで最優秀賞となり、表彰式で朗読しました。その時、彼女の苦悩は彼女の声でこそ伝わるのだと実感しました。言葉にならない想いをくみ取って言葉を紡ぎだすのを手伝うのが、中途失明で全盲の国語の教員である私の役割だと感じています。ある意味暗示にかけながら、過去と理想の自分に向き合い、言霊に委ねた結果がたまたま優勝でした。「シロウサギ」は、あまりセリフがなく単調かと心配しましたが、福島智さんが特別審査員と大会一〇日前の点字毎日で知り、指点字通訳しやすいよう、文と文の間を切りました。確実に明るい未来へ一歩踏み出すチャンスをいただけました。

渡邊　寛子

第一六話

「Septensの再起をかけて」

二〇一九年第八八回大会準優勝弁論

埼玉県立特別支援学校塙保己一学園高等部専攻科保健理療科二年(52)　浅野　菊郎

「サクサクサクサクサク」。小気味よい音と共に、はさみをにぎる指に伝わってくる心地よい感覚。お客様との他愛もない会話。それを邪魔しないしゃれたBGM。シャンプーの香りにつつまれながら、鏡越しに見せる柔らかい笑顔の奥にはいつも、スタイリストとしての目が光っていました。お客様一人一人に似合うスタイルをとことん追求する、プロとしての鋭い鋭い「目」です。

当時私は、朝八時半には出勤し、夜一一時まで働いていました。三人のスタッフを雇い、カットの技術、シャンプーの仕方、カラーの理論……。日々鍛錬を重ねていました。私の店に通うことが、「ステイタス!」。そんな、美容室のブランド化も目指しました。どんどん口コミが広がり、福岡や青森からもお客様がやってくるようにまで成長しました。順風満帆、イケメンカリスマ美容師として人生を送るはずだった私ですが、運命はそれを許してはくれませんでした。

私は一五年前に、「網膜色素変性症、視力は持って一〇年でしょう」と医師から告げられました。そんなこと言われても、とても信じられませんでしたし、信じたくもありませんでした。数いるライバルを抑え、努力の末に勝ち取った今のポジションは、山野愛子美容室銀座本店店長。やりがいに満ちあふれていた、そんなときの宣告でした。

「このままで終わりたくはない。自分の店を持つんだ。視力が残っている一〇年に人生をかけてみよう」と、独立を決心しました。銀座で培った一流の技術とノウハウに、自分だけのこだわりをプラスした店、屋号はヘアーマイスターSeptens。Septensというのは、特別な感覚である第七感から私が考えた造語です。

夢をかなえ、生き生きと働いていた私ですが、「その日」はひたひたと近づいていました。家族からは「大丈夫？」と言われ、友人からも「お前どうした？なんかおかしくないか？」「わざとやっていない？」などと言われました。そのたび「あ、ごめん、ごめん」と、ごまかすのに必死でした。仕事では、髪がたを確認するために鏡を一生懸命のぞきこみ、指先の感覚を研ぎ澄ませ、髪の左右対称を感じ取るようにしていました。視力低下をさとられることが怖くて、とにかく普通を装っていました。

仕事帰り、夜の闇に包まれた道は更に過酷です。「見えない……でも……白杖なんて持つわけにはいかない……」。そんな状態の私は、駅のホームからは二度落ち、また、大型トラックにはねられたこともありました。命の危険と隣り合わせの日々、年貢の納め時です。そして「その日」はとうとう来ました。

「ガラガラ、ガラガラ、ガシャーン」

涙をこらえながら、Septens のシャッターを下ろしました。「もう、こうするしかない」と。美容業界に身を投じた三二年間のかけがえのない日々が、シャッターの音とともに打ち砕かれていきました。Septens 突然の閉店でした。自分はこの先どうなってしまうのだろう？　こわい！　誰か、誰か助けてくれ！　どうしたらいいんだ……。気丈にふるまってはいましたが、それが本音でした。

私は今、五十二歳です。妻も子供もいます。一国一城の主として、今何ができるのか!?　仕事もない、どん底の状態から新たな光を求め、私は盲学校の専攻科に入学しました。そこで私は、自分と同じ境遇である中途失明の仲間、励まし合える仲間に出会うことができました。「自分は一人ではない」。そんな思いが、ありのままの自分を受け止める気持ち、前に向かって進む気持ちを奮い立たせてくれています。

美容業界の仲間にも、長年通ってくださった大勢のお客様にも、あの時、本当のことが言えなかった。それが私の心に重しとなっています。新たな自分を！　そして、何も変わっていない自分を見てほしい！　元気な姿でみんなに「ありがとう」を伝えたい。いつの日か Septens で再起します。

人が持つと言われている五感のうち、視覚を失った私ですが、目指すはそれを更に超える感覚である第七感。たくさんの知識と経験と心の豊かさがもたらす「SeptenS ：」
みんな、待っていてくれ！　今度ははさみを置いて、この手で、この手でもてなすぞ。

【本人コメント】

自分のありのままを話し、たくさんの方から「パワーをありがとう」というコメントを頂きました。中途失明であっても、人の心を動かすことができたということは驚きでした。

【指導者より】

中途失明で入学してこられる専攻科生は、様々な経歴をお持ちの方がたくさんいらっしゃいます。盲学校というのは、「現代社会」の荒波を泳いできた皆さん、また、視覚障害者として生きていくことなど想像もしていなかった方々が、「再出発」のために力を蓄えゆく場所なのです。「これまでの人生と、これから切り拓いていく人生に対する気概を、たくさんの人々に向けて語りたい」と話してくれた浅野さん。その力強く訴える姿に深く感銘を受け、一緒にこの弁論に取り組みました。情熱を傾けていた仕事に対する思い、そして障害の宣告、葛藤と受容、ご家族や仲間たちへの感謝、未来への希望、そんな浅野さんの『命』のこもった弁論が完成しました。

吉場　登美子

第二章

家族や先生と向き合う

第一七話

「優しさに包まれて」

二〇〇八年第七七回大会第三位弁論

岐阜県立岐阜盲学校高等部保健理療科二年(58)

森嶋　悦子

花を見る目は優しいです。

花を想（おも）う心は穏やかです。

人を見る目も優しくなければ。

人を想う心も穏やかでなければ。

これは私が好きな詩の一節です。

私は落ち込んだとき、いつもこの詩を思い出します。

今、私は人生を振り返るとき、この詩の持つ力に支えられてきたような気がします。今から二四年前、ちょうど私が三十四歳の時でした。当時、私は六歳と四歳の女の子の母親として毎日、忙しい日々を送っていました。

そんなある日、目に異常を感じ眼科医を訪れました。

そして、網膜色素変性症という聞き慣れない病名を告げられたのです。

家に帰り、家族に話すと母が医学書を開きました。その中に失明とはっきり書かれていたのを見てしまいました。

私が失明する？　そんな？　子供たちの顔が、主人の顔がそして友達の顔が、次から次へと浮かび、世界から一人取り残されたような孤独感に声をあげて泣きました。気がつくと保育園に子供を迎えに行く時間になっていました。子供たちと手をつないで歩きながら「あんねえ、友達には優しくせないかんよ」「なにかしてもらったら、ちゃーんとありがとうって言おうね」と、いつもと同じように言い聞かせながら家路につきました。

子供たちに毎日言い聞かせていた感謝の言葉が、その後の私になくてはならないものとなりました。

徐々に視力は落ちていきましたが、私が困ると必ず誰かがそばにいて私を支えてくれました。

一人では、ちょっと自信がなかった海外旅行も、友人たちの手を借りて韓国、香港、シンガポール、遠くはカナダまで出かけました。どれだけ世話になったことでしょう。でも、みんなは「楽しかったね」「またいこうね」と言ってくれるのです。

目が見えなくなって、人の優しさが身にしみるようになりました。

そのたびに、心からありがとう、本当に助かりました。と、感謝の気持ちでいっぱいです。

そして今、私は盲学校の理療科であん摩やマッサージを学んでいます。四〇年ぶりの学生生活は、とても新鮮で楽しく毎日が充実しています。

文化祭に運動会。それに若い人たちと一緒に汗を流す部活動。私はフロアバレー部に入っていますが、いま十一月の大会に向けて猛練習の真っ最中です。

この競技は、一チーム四人でボールの打ち合いをしますが、その勢いたるやすさまじいもので、まるで格闘技です。たまにボールの芯に当たり得点に結びついたときには、思わず「やったー」と叫んで、年がいもなく大はしゃぎをしています。勉強の方はとても難しいですが、かにミソ級の脳みそに喝を入れて、必ず国家試験に合格してみせます。そして、病気で苦しんでいる人たちを少しでも楽にしてあげることができたら、それが世話になった人たちに対するせめてもの恩返しだと考えています。

当時、幼かった娘たちも成人しました。小さい時から母親の障害を受け止め、一生懸命支えてくれたせいか、人の痛みがわかる優しい子に育ってくれました。

長女の方は今年、結婚をし、やがては母親となることでしょう。そして、子供たちにも、その優しさを受け継いでほしいと、私は願っています。

人は、優しくされると心が穏やかになります。
穏やかな心になれば、また人に優しくできると私は信じています。
一人でも多くの人が穏やかな心になれるよう、多くの人への感謝の気持ちとともに祈っています。
みなさん、人を見る目は、優しいですか？
みなさん、人を想う心は穏やかですか？

【本人コメント】

「日本の草花」という雑誌の中にあったこの詩に出会ったことが弁論の動機となりました。齊藤先生が指導の中で自分の弁論に花を添えてくださいましたが、最後は自分で完成させました。

【指導者より】

前年の校内弁論大会では詰まってしまい、入賞できなかったので福島大会を目指して再度挑戦したいとの相談がありました。私は彼女との練習の中で「辛かったことや苦しかったこと、そして感謝の気持ちを心を込めて自分自身に言い聞かせるように語りなさい、自分が感動していなければ決して聴衆には伝わらないよ」と話しました。そして、満を持して送り出した大会でしたが、当日はやっぱりしばしば詰まってしまい入賞は無理とあきらめていたそうです。卒業後もいろいろな行事で弁論を披露する機会があり、人生が豊かになりましたと嬉しい話をしてくれました。これからも元気で活躍してほしいと願っています。

齊藤　隆

第一八話
「自分を信じて」

二〇〇九年第七八回大会優秀賞弁論

静岡県立静岡視覚特別支援学校中学部三年(15)
前田　咲綺

じいじ、そちらはどうですか。

今まで、素っ気ない態度ばかりとってきて、ごめんなさい。じいじが私のことをすごく応援してくれていることに、今になって気が付いたよ。もっと早く、じいじの応援に気づけたら良かったのかもしれないね。でも、じいじが私のおじいちゃんで、本当に良かったよ。ありがとう！

昨年の夏、祖父の家に遊びに行った時のことです。「咲綺、あんたは朗読家になるのが一番いい。歌やピアノより、じいじが一番感動したのは朗読だよ。三年前に聞かせてくれた詩の朗読は、本当に良かったよ」と祖父。私は、「うーん……」と気のない返事を返しただけでした。

頑固なうえ、とても口うるさい祖父。私が朗読をするたびに、「あそこはもっとゆっくり読め。まだまだ読みが足りない」など、たくさんの文句のシャワーを浴びせてくるのです。そのたびに私は、

「ああ、またか。うるさいなぁ。私の将来ぐらい、私に決めさせてよ」。そう思っていました。

それから三カ月後。あんなに元気だった祖父が突然、他界してしまいました。考えてみると、祖父とは本当に喧嘩（けんか）ばかりでした。まるで、私のすべてを分かりきったように意見してくる祖父がとても嫌でした。頑固な祖父と、頑固な私。一度喧嘩をし始めると、真夜中まで続くこともありました。

でも、そんな祖父が唯一ほめてくれた詩の朗読。それは、私の大好きな谷川俊太郎さんの「いきる」という詩でした。祖父の前では二度、この詩を朗読する機会がありました。一度目は、やはりいつものように文句の嵐でした。

そしてリベンジの気持ちで臨んだ二度目。祖父は、終わった後、「ようやくうまく読めるようになったね」と、ほめてくれました。それでも、私には祖父の言葉が皮肉にしか聞こえませんでした。

ところが、母の話では、祖父が私の朗読に感動して涙を流していたというのです。「あのじいじが、涙を流すなんて……。もしかすると、じいじは本当に心からほめてくれていたのかも。だとしたら、やったー！　あのじいじが、私をほめた」

私は、勝ち誇ったような気分でした。

幼いころの私は、母に本の朗読をしてもらうのが大好きでした。小学生になり、学校から音読の宿題がでるようになると、自分でも朗読をする機会が増えてきました。家族にほめられるのがうれしくて、普段の音読にも自然に熱が入りました。そのうちに、人前でも朗読させていただくようになりました。多くの方が「感動したよ」と、ほめてくれました。ほめられれば、ほめられるほど、私は朗読に熱中していきました。

しかし、中学生になると急に朗読に対する自信がもてなくなりました。祖父以外の人からも読み方の指摘を受け、自分らしい朗読ができなくなっていたのです。「それなら、今までたくさんもらったほめ言葉は何だったんだろう。これは『目が見えないのに、すごいね』という意味なのかもしれない。もしも、私の目が見えていたら、みんなはほめてくれるだろうか……。私は、まわりの言葉を真に受けて、うぬぼれていただけなのかもしれない……」と思うようになりました。そして、私はだんだん朗読から遠ざかっていきました。

それから祖父が亡くなって、私は素直な気持ちで祖父との思い出を振り返ることができました。祖父は私の顔を見るたびに朗読のことを口にしていました。そして、それが、祖父が私の朗読を真剣に応援してくれている印なのだということに、初めて気が付きました。祖父との思い出、言葉一つ一つが、私の背中をぐっと押してくれています。私は、もう一度、朗読を始めてみようという気持ちになりました。

いま、中学三年生の私。将来のことについて真剣に考えています。

祖父が言っていた「朗読家」という職業が本当にあるのかは分かりません。でも、自分の好きなことが職業にできたら、とても素敵だと思います。私の声がお仕事に生かせたら、最高です。そんなことを夢見ながら、これからも朗読を続けていきたいです。

じいじ、今ならじいじの言うこと、素直に聞けると思う。本当のことを言うと、まだちょっと自信がないんだけど、でも、じいじの言葉は私に大きな勇気をくれたよ。だから、これからも私のことを、ずっと、ずっと、ずうっと応援していてね。

じいじ、今まで本当にありがとう。

咲綺より。

【本人コメント】

祖父が亡くなって一年でしたので、考え深かったです。現在は、コールセンターなど、声を使ったお仕事に就くことを目指し、コミュニケーション検定の勉強を続けております。

【指導者より】

当時、前田さんは中学部三年生でした。それまで、お姉さんのように慕っていた先輩が卒業し、いよいよ自分自身で自分の将来について考える時期でした。それまでは周囲の人に頼って物事を決定することが多かった彼女ですが、それまでの自分自身を振り返り、自己を見つめるべく、この弁論に臨みました。私は、自己肯定感の低かった彼女に、自分の得意なことが何かを整理し、前向きに将来を考えて欲しいと思っていました。弁論に取り組む中で、彼女を心から応援してくれていた祖父の言葉を紐解き、言葉に含まれた意味をじっくり考える過程を通して、彼女は自分の得意なことを伸ばしていけばうまくいく、と考えることができるようになりました。

髙橋　美佐紀

第一九話

「幸福の人」

二〇一〇年第七九回大会準優勝弁論

岐阜県立岐阜盲学校高等部専攻科理療科三年(20)
橋詰　伸明

「頑張る人は偉い人、頑張り抜いた人は幸福の人」。これは、私が小さいころから父がよく口にしていた言葉です。

私の父は養鶏場に勤務し、朝早くから夜遅くまで多忙な日々を送っていました。生き物相手の大変さは、頭では理解していたつもりでしたが、家族との会話も全くなく、仕事のことしか頭にないような父に、次第に反発を感じ、距離をとるようになっていきました。そんな父でしたが、私が目を悪くして入院したときには何度も見舞いにきてくれ、盲学校に転校しなければならなくなったときにも、ずいぶん助けてくれました。不安な思いで入学した盲学校でしたが、目が見えなくても少し工夫をすれば何でもできることがわかり、次第に明るさを取り戻していった私に、父も安心したようでした。

専攻科に入って理療の勉強を始めたころ、父が肩をもんでほしいと珍しく声をかけてきました。習いたてのあん摩を受けながら「おまえは将来どうするんだ。盲学校の先生になって母校に戻ってきたらどうだ」と言うのです。私も毎日、視覚障害の先生方が生き生きと仕事をしておられる姿を見て、教師になりたいと考え始めていた矢先だったので、忙しい日々のなか、私のことを心配してくれていることに心打たれ、熱い思いにかられました。

そんな矢先のことでした。父が脳出血で倒れたのです。一命は取り留めたものの、記憶障害という重い後遺症を残してしまいました。昔の記憶はあるものの、最近の出来事や、さっき話していたことなどを記憶することが難しいのです。

それだけでなく、自分で作った話を現実のことと勘違いしてしまうこともありました。以前、私も参加した会合で、父が「玉（たま）合格」という商品を紹介したときのことです。その卵のパックのラベルに父が大好きだった「頑張る人は偉い人、頑張り抜いた人は幸福の人」という言葉を自分の発案で印刷したと誇らしげに言うのです。私は、ただただ感心するばかりでしたが、家に帰り母に話すと作り話だったということが分かりました。

最近、私は家にいることが多くなった父と一緒に、リハビリを兼ねてよく散歩するようになりました。歩きながら、父はいろいろな話をしてくれます。子供のころの話や母との出会い。そして、私が生まれたときの喜びや、徐々に視力が落ちていく息子をそばでみていることしかできなかった歯がゆさなど、とりとめのない話をする父の声は、今まで聞いたことのない穏やかで優しいものでした。

中間管理職という厳しい立場で、体も心もボロボロになりながら「頑張る人は偉い人」と自分に言い聞かせながら家族のために懸命に働いて病魔に倒れた父に、なぜもっと早く素直に向かい合うことができなかったのかと、済まない気持ちでいっぱいになりました。

自分が働いて家計を助けなければならない状況になったことで、一度は夢見た教師の道をあきらめようかとも思いました。しかし、仕事に対する父の強い思いや一途な姿をみていて、自分も一生納得できる仕事がしたい。少し家族には迷惑をかけるが、その分、教員になって恩返ししようと心に決めました。

父がふと昨日の話をしたり、さっき話していたことを覚えていたりすると、確実に回復しているとうれしくなります。しかし、社会復帰には、まだまだ長い時間がかかりそうです。

「頑張る人は偉い人、頑張り抜いた人は幸福の人」。お父さん、僕はこれから頑張り抜いて、幸福の人になります。だから、おとうさんも社会復帰めざしていっしょに頑張ろう。

【本人コメント】

当時は受験生でしたが、病魔と闘う父の姿を見て私も何かに挑戦したいという気持ちから出場しました。現在、父も元気に過ごしており、私は理療科教員として母校で働いています。

【指導者より】

暑い中、繰り返し練習した日のことを懐かしく思い出します。第七九回大会は岐阜盲学校で開催されることになっていました。全校一丸となって何とか優勝をという空気の中、彼が推薦されました。仕事優先で家庭を顧みない父との確執、そして激務に倒れた父への思いを素直な言葉で心を込めて届けるようにと話をしました。そして当日彼はプレッシャーをはねのけ堂々と発表してくれました。終了後私は彼に「僕の中では満点だったよ」と伝えました。この弁論大会は彼が自らを見つめ直し成長する大きなきっかけになったのではないかと考えています。彼の思いがかない母校の教壇で元気に活躍している姿を見るととても嬉しく思います。

齊藤　隆

第二〇話

「闘う私!! 絶対負けない!!!」

二〇一〇年第七九回大会第三位弁論

愛知県立名古屋盲学校中学部一年(13) 新谷　愛

始まりは、私が十歳の時だった。突然、見えにくくなり、障害者であるという現実を突き付けられた。当時の私は、まだ幼く、そんな現実を受け止められるほど、心に余裕はなかった。これからやりたい事も、何をすれば良いのかも、分からなくなっていた。そんな自分が嫌いで、その気持ちは、日に日に大きくなっていた。そんな私を見た家族は、私に気を遣っていたのか、あまりその話には触れようとせず、優しく見守ってくれていた。家族の何気ない優しさが、心の支えになっていた。

学校は普通小だったため、ろくに授業もできず、成績はどんどん下がっていった。医者から運動も止められ、外で楽しそうに遊んでいる友達を見ると、うらやましさに加え、腹立たしさを感じていた。すべてを否定的にとらえて、日々を過ごしていた私に、「あまり見えていなくても、少し見えているだけ、幸せじゃん」。この言葉を掛けてくれたのは、私の幼なじみの友達で、私が一番信頼できる人だった。この人が言ってくれたからというのもあるが、今まで同情ばかりされていた私に、差別もない、正直で、ストレートな言葉を言ってくれたのは初めてで、それがうれしくて、私は前向きに生きていこうと決め、今までの自分がうそのように、一瞬にして変わる事ができた。それまで後ろ向きだった私に、一筋の光が差したのを感じた。性格も前よりずっと明るくなり、毎日が楽しい！　と、胸を張って言えるまでになった。

その結果、たくさんの友達に恵まれ、その友達とは今でも連絡を取り合っている。みんな、私の事を支えてくれて、どんな時も守ってくれた。教室移動や下校の時は、私の腕を持って左右を囲んで歩いてくれた。そして、いつも一生懸命になって、私のサポートをしてくれた。その気持ちが、私の一番のエネルギーとなっていた。

そんな仲間たちとの別れの日。大粒の涙を流し、一人一人にお礼を言ったが、あの大切な言葉を言ってくれた友人だけには何も言えず、その事は今でも後悔している。きっと、この悔しさは一生忘れる事はないだろう。この親友には、心から感謝している。なのに、どうしてあの時、素直になれなかったのだろう？　いま思えば、少し照れくさかったのと、泣いている自分の弱さを見せたくなかったからなのかもしれない。

その後の私は、自立した生活を心掛けるようになった。自分の事は自分で判断し、一人でできる事は責任を持ってやりとげるように努力した。そうする事で、何でも恐れず、チャレンジする勇気もできた。私が頑張ることが親孝行につながると思うので、今まで心配かけてきた家族を安心させたい。

しかし、そんな私に、たくさんの先生方はこうおっしゃる。「あまり頑張り過ぎないでね」

（えっ!?　どういう意味!?　私、また同情されているの!?）

何だか、また無性に腹が立ち、余計に頑張らなきゃ!!　と、むきになる。すると、その言葉は、どんどん私の周りに増えてきた。そんなころ、校長先生に呼び出された。「最近の調子はどうですか?」

そう言われた瞬間、急に涙があふれてきた。気持ちをコントロールできない。涙を止められない。

そんな状態の私に、校長先生はこう言った。

「何でも一人で抱え込んでちゃだめだよ。張りつめていた糸は、いつかぷつっと切れてしまうんだから」

校長先生は、私の将来のためにと、その時初めて盲学校の事について教えてくれた。校長先生は、私がまた、余計に重たい荷物を背負うのではないかと、今までその名は伏せてきたらしいが、これが一番良い方法だと紹介してくれた。正直、仲の良い友達と、今までと変わりなく一緒にいて、地元の中学校で勉強していきたかった。

しばらくして、校長先生に、

「盲学校に、見学に行ってみない?」と誘われた。

あまり乗り気ではなかったが、その場しのぎで、

「じゃあ……、行きます……」と伝えた。

（もし盲学校に通う事になったら、今の友達とはどうなるの！？　忘れられてしまうの！？　何より、障害者であるという事を認めなければならないのが一番嫌！！）

またネガティブな事ばかり考えてしまう。

だが、盲学校の小学部生に出会った瞬間、考え方が一八〇度変わった。きっと私よりも、たくさんつらい思いをして生きているはずなのに、どうしてこんなに幸せそうに笑っていられるのだろうか。そんな衝撃を受けた私は、盲学校で専門的な指導を受けたい！！　と思うようになった。この学校で生活していれば、新しい自分に出会えるんじゃないかと思った。

将来は、東京の高校に行くのが夢だ。その夢に向かって、大切な人からの言葉を胸に、これからの人生を歩んでいきたい。これからも、私の闘いは続いていくだろう。だが、どんな事があっても、自分にも、病気にも、障害にも負けない！！　絶対負けない！！

【本人コメント】
あれから一〇年経ち、弱さを認めることこそが真の強さであるとようやく気付くことが出来ました。あいも変わらず不器用で負けず嫌いな私、これからも全力で闘い続けます。

【指導者より】
熟達した学びのエピソードやドラマティックな人生経験の機微を多く持ち合わせている高等部本科や専攻科の緒先輩方に居並び、一般小学校から特別支援学校に入学したばかりの弱冠十三歳のフレッシュな少女が挑んだ人生初の晴れの大舞台でした。私が当時愛さんに求めたのは彼女ならではの世界観やオリジナリティで、未熟で幼いなりにも壮大に広がるリアルな叫びや自我の芽生えを包み隠さず目一杯吐露させることから始めたのを覚えています。等身大の言葉や表現をかき集める中で、障害との葛藤や人間関係構築の中で見いだした人生の岐路を、持ち前の芯の強さとポジティブシンキングでたくましく切り拓いていくという気付きを得た愛さん。彼女のアナウンスメントは自身に向けたエールでした。

片桐　彩絵子

第二一話

「私と手伝い」

二〇一〇年第七九回大会優秀賞弁論

島根県立盲学校中学部三年(14)　石輪　萌子

「洗濯、手伝って」「いいよ。手伝うよ」。私は、宿題をするのをやめて、お母さんのいる洗濯場に行きます。そして私は洗濯機の中に洗濯物を入れて、お母さんはスイッチを入れ、洗剤を入れて洗濯機のふたをします。私はこのようにして、お母さんに頼まれると役割分担をして洗濯をします。洗濯をしているとき、私は、みんなにきれいに洗濯した服を喜んで着てもらいたいというわくわくした気持ちになります。

それでは、お母さんは私と洗濯などをするとき、どんな気持ちなのでしょうか。私はお母さんに聞いてみました。すると、「余裕があるときは、二人で一緒にするとうれしいよ。急いでいるときは、これとこれをしてくれたらうれしいな」と答えてくれました。「二人でするとうれしいよ」と言ってくれたお母さんの気持ちが、私もとてもうれしかったです。

私は洗濯のほかに、炊事、掃除、買い物の手伝いをします。そして、お手伝いをすることによって、いろいろなことができるようになってきました。その一つが丸い卵を割る作業です。以前は上手にできなかったのですが、お母さんに力加減などを教わったおかげで、今では上手にできるようになりました。また、包丁を使うのが怖かったのですが、「ネコの手をして切ると怖くないよ」と教わり、何回も経験するうちに上手にできるようになってきました。包丁を使うのは、もう怖くはありません。これも今思うと、お母さんたちが私に手伝いをさせてくれたおかげだと感謝しています。

しかし、練習しても、どうしても一人でできないこともあります。その一つが電子レンジで温めたものに触れることです。高温になっている場合は危険です。そのときは、人にやってもらうことも必要です。頑張ってできるようになることと、人にお願いすることが分かってくるためにも、たくさんのお手伝いの経験が必要だと思いました。

私は、お父さんの手のひらに乗るような小さな赤ちゃんで生まれたと聞きました。「生きて」と、保育器の中の私に、お父さんとお母さんは呼びかけていたそうです。私は、みんなからいっぱいの愛情を受けて大きくしてもらったのだなと思います。そして、自分でできることが少しずつ増えてきた私は、「将来一人の大人として生活ができるようになりたい」という目標が持てるようになりました。今では、「いつか、お母さんになりたい」という思いもわいてきました。そのために、今、私ができることは、お手伝いを毎日して、できることを一つでも増やすことだと考えます。

「二人でするとうれしいよ」と言ってくれたお母さんのように、「うれしい」という思いをもって、お手伝いを続けていきたいと思います。

【本人コメント】

初めての経験で緊張したけど、最後まで話すことができてよかったです。これからもいろいろなことにチャレンジして、出来ることを増やしたいなと思います。

【指導者より】

何気ない日常、家族とのかかわり等を淡々と素直に書いた弁論でした。大会を前にすると緊張感が高まってきました。本人の希望で、言いやすい言葉に置き換えたり、文章を短くしたりという作業を一緒に繰り返しました。地方大会や全国大会では、緊張と戦いながら最後まで本当によく頑張りました。大きな声で力強く訴えかける弁論というより、聞く人の心に静かに沁みていくような弁論でした。全国では上位入賞とはなりませんでしたが、他校の指導者が「一番良かった」と声を詰まらせてお話しくださいました。何物にも代えがたいお土産をいただきました（当時の担任、国語科教員をはじめ、多くの人たちが一緒に指導してくださったことを申し添えます）。

青戸　節子

第二二話

「感謝するということ」

二〇一一年第八〇回大会準優勝弁論

京都府立盲学校高等部専攻科理療科三年(20)　髙瀬　真依

私は小学校にあがる前に網膜色素変性症と診断されました。母は、盲学校か一般校か迷ったすえに、私を一般に入学させました。

小学校では先生方のサポートもあって、なんとか過ごすことができました。

しかし、中学校では違いました。人数もクラスも増え、皆が新しい友達をつくっているとき、私は友達をつくることができず、小学校まで仲良しだった友達は離れていきました。気付けば、私は、ただクラスメートの邪魔にならないように席に座り、周りを見ているだけになっていました。

中二の春でした。クラス替えがあり、皆は楽しそうに話していました。自分には関係ない事だと、いつものようにぽつんと座っていた私に、「おはよう、今日は暑いね」と声をかけた子がいました。私はその時、「うん」としか答えられませんでしたが、私からも声をかけるようになり、仲良くなっていきました。一緒にお祭りに行き、彼女の家にも行きました。

彼女はどんな話でも聞いてくれたので、私はそれに甘えて、グチを言うようになりました。しかし、彼女は「でも、それはこうなんじゃない」とか、「でも、こういう考え方もあると思うよ」などと言うのです。共感してくれないことに不満を抱き、わざと無視し始めました。「おはよう」と言われても、しまいには「お願いだから『あ』って声を出すだけでも」とまで言われても、卒業前には全く口を利かなくなっていました。

どうして、あんなにかたくなだったのか。今思えば、障害から目をそむけることができないつらさから、やけになり、彼女に八つ当たりしていたのだと思います。

そして、私は高校で、京都府立盲学校の門をくぐりました。たくさんの事を経験しました。ドラムを演奏し、いろいろなスポーツに挑戦し、生活は一変しました。

あるとき、フロアバレーでアイシェードを使いました。真っ黒なゴーグルのようなもので、何も見えません。私は弱視ですが、後衛ができるほど見えないので、それをつけて前衛をするのです。アイシェードをつけた練習は、自分が視覚障害者だという事実を突き付けられるようで、嫌でした。

バレーをやめ、卓球ならアイシェードがいらないと思って入部しました。しかし、結局、アイマスクを使うことになりました。やってみると、意外とうまくボールを打ち返す事ができました。複雑な気持ちでしたが、次第に練習が楽しくなり、一年生の二月、近畿大会で優勝という大きな経験をしました。「大きな経験」というのは勝ったからではなく、「自分にもこんな力がある」と気付くことができたからです。このとき、できないことを追いかけるのではなく、できる事を探していこうと気持ちが変化し始めました。

それからはバレーも楽しくなり、点字の練習にも身が入るようになりました。障害から目をそらさず向き合おうとする自分がいました。

ところで、私には一つ気がかりなことがありました。中学のあの友達の事です。ずっと謝らなくてはと思っていたのです。あるとき、思い切って電話をかけました。

「久しぶり、高瀬です」緊張した、かたい声が出ました。

「あー、真依ちゃーん、久しぶりー。連絡してくれてありがとう。ずっと、嫌われてしまったんちゃうかって、連絡すんの怖かってん。ごめんなぁ」ホッとしたような彼女の声が聞こえてきました。「こっちこそ、ごめん。大事な友達やったのに」素直に謝る事ができました。胸のつかえがおりました。そして、今も良い友達でいます。私はこれまで、たくさんの人に支えられて生きてきました。自分から積極的に頼まなくても支えてもらっていたのです。

私はもうすぐ社会人になろうとしています。これからは、もっと積極的に自分を表現していきたいと思います。できることを探し、やれるだけやって、それでもできないことについては、きちんと自分から「してほしい」「助けてほしい」と伝え、支えてくれた人に感謝して、生きていこうと思っています。

私は視覚に障害があります。この事実は変えられません。しかし、それを受け入れ、感謝の大切さに気付いたことで、これからの人生に立ち向かう力を得たと思うのです。

【本人コメント】

この一年は国家試験など色々とありましたが、いい思い出です。これからも感謝の気持ちを持ち続け、様々な人々との出会いを大切に成長出来たらと思っています。

【指導者より】

高瀬さんには話したい内容がいくつかあり、どれにするか迷っていました。そこで、一度全部を、短めに書き出してもらい、中からひとつを選び、それを深めていきました。エピソードを分析する中で、「友人関係の回復と障害の受容」というテーマと、「感謝の大切さ」というメッセージが、浮かび上がり、まとまっていきました。弁論では内容に加え、自分の声で伝える技術が重要です。声に余裕を持たせたいと、体育館だけでなく、グラウンドでも練習しました。校舎に向かって大声を出すのは、気恥ずかしかったでしょうが、頑張ったかいあって、大会当日、気張りのない良く透る声が出て、高瀬さんの凛々しい決意が、聴衆の心にすっと届いたようです。

今野　ゆかり

第二三話

「三〇分の考え方」

二〇一一年第八〇回大会優秀賞弁論

広島県立広島中央特別支援学校中学部三年(15)
竹保　遥

私はピアノが嫌いでした。

ピアノは三歳の時から習っています。でも、練習をしても全然うまくならないし、楽しいとか面白いとか思いませんでした。母にやめたいと言っても、やめさせてはくれませんでした。それに、すぐにやめるのは、なんだか負けた気がして悔しかったので、意地で続けていました。

私が小学四年生の時。ピアノ教室の先生の都合で、教室をやめることになりました。私はそのとき「ラッキー」と思いました。しかし、そう簡単にはいきませんでした。母が、他の教室に私を見てもらえるよう、もう頼んでいたのです。「ピアノやめるんだったのに、どうしてお願いするの」と母に抗議しました。けれども、母は全然聞いてくれず、私はまたピアノ教室に通うことになりました。教室に行く時間になると憂うつな気分になり、母に引っ張られるようにして通っていました。

ある時、私はピアノをさぼりました。次の週に教室に行くと、「先週は、なんで休んだの」と聞かれました。私はドキッとしました。何と言えばいいのかわからなくて黙り込んでいると、「先週はさぼったでしょう」と先生に言われました。私はそのとき、ただ「やばい」と思いました。言い訳も思いつかず、私は「はい」と言って認めてしまいました。体が緊張して顔が熱くなっていました。絶対に怒られると思いました。

しかし、先生は怒りませんでした。それから私に言いました。「あなたは、ピアノの三〇分を面倒とか、三〇分もあるとかって考えているでしょう。だから来たくなくなるんです」

そう言われて確かにその通りだと思いました。ピアノの三〇分が面倒でした。次に、「そんなふうに三〇分もあるって考えるより、三〇分しかないって考えたら短く感じて、ピアノも楽しめるよ」と言われました。最後に、先生に「三〇分も、って暗く考えるのと、三〇分しかない、って思って頑張るのだったら、どっちがいい」と聞かれました。私は「もちろん、三〇分しかと考える方がいい」と答えました。

今まで私には、そんな考え方はありませんでした。三〇分しかないと考えると、なぜか頑張ろうという気持ちに変わりました。気分が明るくなり、次の週からはまじめにピアノ教室に行くようになりました。

まじめに行くようになったある時、今日も三〇分しかないと思ってピアノに向かい、一生懸命練習をしていると、先生に「もう時間だから今日はこれで終わりです」と言われました。私は「えっ、もう終わり」と、拍子抜けしたような気がしました。「三〇分しか」と考え方を変えるだけで、感じ方まで変わることに気付きました。

二カ月くらいたったとき、先生がちょっと難しい曲を弾いてみようと私に提案しました。その曲はとてもきれいだったけれど、私の苦手な和音がたくさん使われていて、ペダルまで使わないといけませんでした。「こんなの難しくてできません」と先生に言うと、「やっていないうちからあきらめません。やってみて無理だったらやめればいいんです」と言われ、私はその曲を練習することになりました。

練習をし始めると、やっぱり曲は難しかったです。一日に五個の和音しか覚えられないときもありました。私には無理だったのかなと弱音を吐きたくなるたびに「やっていないうちからあきらめない、やっていないうちからあきらめない」と自分に言い聞かせ、練習を続けた結果、何カ月かたって、ついに曲を最後まで覚えることができました。最後まで弾けたとき、私は、やったあと思いました。先生も「きれいに弾けるようになったね」と褒めてくれました。私はピアノを習っていて初めて、本当に良かったと思いました。そして、ピアノ教室に行かせてくれた母にも感謝しました。

考え方や見方を変えるだけで、好きになれることがあります。嫌いだとしか思わなかったら、自分の可能性を否定することになります。嫌なことがあると、それをただ嫌なこととしか考えるのではなく、少し見方を変えると好きになれます。そのことにまじめに取り組めるようになり、できるようになると自信がつきます。

私には、学校の先生になりたいという夢があります。しかし、それを実現しようと思うと、嫌なことや嫌いなことが増えてくると思います。でも、考え方や見方を変えて挑戦していきたいです。

【本人コメント】谷口（旧姓　竹保）遥

今でも苦手や面倒に思うとき、三〇分しかない、今しかできないと全力で取り組んでいる。三〇分の考え方に気付いた十五歳の自分に負けないように夢に向かって今を生きたい。

【指導者より】

谷口さんは、ユーモアと温かみのある明朗な生徒でした。初稿では、いじめ問題を綴っていました。心が大きく動いた体験を選ぼう、体験の意味を考えることで自分を見つめ直せたものがあるはずと、アドバイスをしたところ、三日で本原稿に書き直しました。夢を実現する礎となる出会いに気付いた十五歳の心に、衝撃を受けました。一文を短く歯切れ良くし、心情の変化を、会話だけでなく動作や表情でも表現することで、より伝わる作品となりました。最後に付けた題名も見事で、まさしく画竜点睛。校内弁論大会では聴衆の心をつかみ、「三〇分しかない」は、流行語になりました。全力で今を生きる谷口さんを、いとおしく、誇らしく思います。

松坂　加代子

第二四話

「私と家族」

二〇一二年第八一回大会優勝弁論

愛媛県立松山盲学校高等部保健理療科二年（49）　冨永　広幸

昨年四月、私は松山盲学校に入学しました。それまではトラックの運転手。関東、北陸、九州、そして、中国、四国を鮮魚を積んで走り回っていました。トラックの中で寝起きをしながら二、三日家を空けることも少なくなく、一家の大黒柱として家族のため懸命に仕事をする。そんな生活に幸せを感じていました。

一昨年十月、私は会社のトラックをぶつけ、社長から目の検査を受けるよう命じられました。恐る恐る妻に話すと、「しょうがないじゃん。検査、行くよ」との一言。結果、網膜色素変性症とのことで、私は仕事を辞めることになりました。妻に連れられるまま盲学校を訪ね、落ち込む間もなく入学することになったのです。通学もできますが、私は家族と離れて寄宿舎に入ることにしました。これ以上、妻に迷惑を掛けたくないと思ったからです。

「自分のことは自分でやれ。一人になった時に困らんやろ」との妻の激励を受け、私の寄宿舎生活が始まりました。決まった時間にみんなで一緒に食事をしたり、掃除をしたり。これまでに経験のない集団生活です。私が何よりも苦手なのは、人付き合い。人見知りの激しい私が声を掛けたり、人前で話したりするのは、それはもう大変なことなのです。

運転手をしていた頃、仕事以外はほとんど話しませんでした。「黙ってないで、何か言え」と妻からよく言われたものです。やがて「ハズ虫」というあだ名を妻から頂戴しました。「ハズ虫」とは、大きな葉っぱに付く、触ると頭を振る毛虫です。「馬鹿にしやがって」と頭にきましたが、なるほどと、納得もしました。なんせ、家のことはすべて妻任せ、何を聞かれても首を振るだけだったからです。それからというもの、妻は事あるごとに私を「ハズ虫」と呼びます。給料を持って帰ったときだけは優しくしてくれます。それも一瞬、すぐに「ハズ虫」と呼び捨てます。そんな妻ですが、このズバズバ言う遠慮のない言葉に、私はどれだけ救われたことでしょう。そして、寄宿舎で過ごすうちに、この言葉の裏側にある優しさを、ありがたく感じるようになりました。

日曜日の夜から金曜日まで、寄宿舎で過ごします。これがなんと長くて寂しいことか。やっと帰れる金曜日、いそいそ帰り支度をしていると、決まって「もうすぐ着くよ」と電話が入ります。待ちに待った週末の始まりです。私の楽しみの一つは酒を飲むこと。家に帰って飲む一杯は最高にうまい。そして、孫に会うこと。上は男の子五年生、下は女の子三年生。女の子は日曜日の夜、必ず手紙を書いてくれます。「頑張れ、ジージ」。この手紙を寄宿舎で何度も読み返し、返事を書いて、週末孫に手渡すのが習慣になりました。そんな私に妻は「私はどうでもええんかい、あんたは孫さえおればええんやろ」と言い放つのです。

仕事をしていた頃、妻は私を大事にしてくれました。ところが、私が盲学校に通うようになるとどうでしょう。妻が「鬼」のように見えてきます。近ごろでは「また帰るん」とまで言われます。どうやら妻は私がいない、孫との生活が楽でいいようです。特に私の食事の世話が面倒らしく、文句も言わずに黙って酒を飲んでいても、イライラして私に当たります。この変わりようは何だろうと家に帰るたびに思うのです。

でも、妻の苦労は私が一番に分かっているつもりです。私が仕事を辞めてからというもの、妻が大黒柱になって頑張ってくれています。仕事、家事、孫の世話、その上、私の送り迎え、ゆっくり座っていることなどありません。「大事にする、苦労はさせん」と言って結婚したのに、今では苦労の掛けっぱなしです。「三年待てよ」と言い聞かせながら一日一日を指折り数え、やっと一年余りが過ぎました。

自分のため、家族のため、一生懸命に勉強して、少しでも早く一人前のマッサージ師になりたい。そして、妻や家族を守りたい。妻や家族、ちょっと口は悪くてもみんな大事な大事な宝物です。面と向かってはとても言えませんが、「ありがとう、みんながいるから頑張れる」といつも感謝しています。この思いを胸に、この家族に支えられながら、私はもう一度大黒柱になって、妻や家族を守ってみせます。

【本人コメント】

思いがけない全国大会出場で、「ここまで来たらやるしかない」と必死で練習したことを思い出します。孫も頼もしく成長し、今年大学受験。厳しく言ってくれる妻の支えに今も感謝の毎日です。

【指導者より】

入学相談の場面が思い出されます。そう言えば、問い掛けにテキパキと答えられるのは、決まって奥さんでした。普通の暮らしが続く中で、突然に告げられた網膜色素変性症。失意の富永さんを励まし、家族の生活を守るため、〝鬼嫁〟を演じざるをえなかったことでしょう。それから二年あまり…。寄宿舎の屋上で声を張り上げ繰り返す練習に、四〇余歳中年男の照れやてらいは感じません。自信を取り戻し、家族の期待に何とか応えようとする富永さんの、なり振り構わぬ懸命な闘いでもあったからだと思われます。弁論大会に関わる一連の取組は、夫婦の絆を改めて確認し、富永さん自身を力強く変容させた活動でもありました。

水元　栄三

第二五話

「守りたい」

二〇一四年第八三回大会優勝弁論

福岡県立福岡高等視覚特別支援学校高等部普通科二年(17)
柿野　明里

皆さんが今、大切にしているものは何ですか。決して失いたくないものはありますか。私には、お金や自分の命に代えても、失いたくないほど大切なものがあります。

私は生まれながらの弱視で、肢体不自由という障害も生来のものです。そのため、幼い頃から一歩踏み出せば、私の歩き方に後ろ指を指され、障害者とは非難されるものなんだと、深く植え付けられてきました。小学校、中学校と、一般の学校に通っていた私は、周囲の人たちの顔色ばかり気にして、黒板の文字が見えず、友達にノートを借りたいと思った時も嫌われるのを恐れ、頼みごともできずにいました。ただ、目立たないように、反感を買わないようにと、自分を偽ることで精いっぱいでした。今思うと、障害者である私自身が、障害者という存在を認めていなかったのかもしれません。

私には、健常者の姉と障害のある母がいます。当時の私は、そんな姉を憎らしく思い、障害者である自分の母親でさえも、恥ずかしいと感じてしまうほど、心がゆがんでいました。私が「学校を休みたい」と言っても、背中を押すことしかしない母。同じ障害を持っているのに、何も分かってくれない。「どうして私は障害者なんだろう。障害者じゃなければ、こんなにつらい思いをせずに済んだのに」。障害者として私を産んだ母が憎い。健常者として生まれてきた姉が憎い。家族なのに私の苦しみを分かってくれない二人が憎い。でも本当に憎かったのは障害のある自分の体。私は苦しくて何度も、自分の手の甲を切りつけました。母と姉、どちらでもいいから、一番身近な二人に私の苦しみを分かってほしかった。そして一緒に背負ってほしかった。

それからの私は頑張ることをやめました。学校に行っても、一日中窓の外を眺めて過ごしたり、全てがどうでもいいというような毎日でした。家に帰っては、自傷行為を続け、「助けて」と無言で叫ぶ。「今の現状をほんの少しだけでも変えるきっかけがほしい」。疲れ果てた私は、最後の望みをかけて母に助けを求めました。「もう、限界なんだ」と。母は少し黙って「転校、する？」と言いました。それは、何よりうれしいひと言でした。

早速、転校手続きを済ませ、特別支援学校に通い始めました。そこには、私と同じように障害のある生徒たちがいました。先生方も優しく受け入れてくれて、初めて「温かい」と思える人たちと出会えました。特別支援学校で過ごしていく中で、次第に心が軽くなり、自分でも感じるほどに笑顔が増えました。そして、それまでほとんどなかった家族との会話が、以前とは比べものにならないくらい増えました。

そうなって初めて、気づいたことがあります。私だけでなく、姉も友達との人間関係に疲れ、精神的にぼろぼろだったこと。母は私が苦しんでいることに気づきながらも、背中を押すことしかできない自分に悩んでいたこと。そして何より、体力的、精神的に私の何倍も疲れていたこと。

二人が苦しんでいたことを知った時、私は胸が張り裂けそうでした。自分のことで精いっぱいになり、母と姉のことを何も見ていなかった、見ようともしていなかった。今まで生きてきた中で一番、自分を情けなく思った瞬間でした。

私が中学一年生の時、両親が離婚しました。その時、障害のある母の負担にならないようにと、父親についていくことを決め、それを母に告げると、母は涙声で「千晶と明里、一人でも欠けたら生きていけん、二人ともママの生きがいなんやけん」。そう言いながら、私の手を強く、強く、握ってくれました。その手の痛さは心地よくて、温かくて、うれしくて……。それなのにどうして忘れていたんだろう。私はもう二度と、同じ過ちを繰り返さない。こんな私を大切に思ってくれている二人のためにも精いっぱい生きていきたい。そして今度は、私が二人のことを大切にしたい。何があっても、たとえ力がなくても、私は二人を守りたい。

私と母を、力で支えてくれる天然な姉。そんな姉と私を育てるために一生懸命働いてくれる、本当は泣き虫な母。どちらも欠けてはならない大切な家族。二人のために私は今、自分にできることを精いっぱい頑張っています。決して失いたくない二人を守るために。

【本人コメント】
あの日から四年間、家族と支え合いながら、私は地方公務員として日々奮闘しております。二度と後悔しないためにも「ありがとう、大好き」という大切な気持ちを伝え続けていきます。

【指導者より】
この原稿依頼を受けて、久しぶりに柿野さんの弁論を読み返してみました。幼い頃から持ち続けていた思いがたっぷり詰まった内容に、今読んでも込み上げてくるものがあります。最初は、伝えたい思いが多すぎて、軽く一五分を超えるような内容でした。そこから七分の原稿に仕上げていくのに大変苦労したのを思い出します。普段は、柔らかい口調でおっとりした印象の彼女ですが、弁論では普段は見せることのない力強い口調で語りかける場面もあり、彼女の芯の強さを知る機会にもなりました。全国大会では優勝という最高の結果を頂き、さらには、中国への海外研修旅行というご褒美まで頂き、私自身、教員生活における一番の思い出になりました。

高橋　恵

第二六話

「挑戦し続ける」

二〇一四年第八三回大会特別賞弁論

東京都立久我山青光学園中学部二年(14)　清水　滉太

「目が見えなくなるくらいなら死んでやる」と母に言ったのは、当時僕が十歳の時でした。その時、母はこう言いました。「どうしても死にたくなったら、その時は一緒に死んであげるから、今は頑張ろう」

僕には、スターガルト病という目の障害があります。徐々に視力が低下していき、目の中心が見えにくくなる病気です。この障害が発覚した時、僕が小一から習っている極真空手を母は辞めさせようとしたそうです。なぜなら空手の先生に、「全盲の空手家はいない」と言われたからです。母は僕が空手を楽しくなる前に辞めさせた方がいいと思っていたようです。

日に日に見えにくくなっていく自分の目に、なぜ自分だけこんな思いをするのだろうと思っていました。それを一番強く感じたのは、小学校の友達とけんかをした時に「目の不自由な人」と言われた時です。バカやアホという言葉は、けんかをした時によく使われそうな単語かもしれませんが、僕にとって「目の不自由な人」は一番言われたくなかった言葉だったので深く傷付きました。

その頃、母がたまたま見ていたテレビで、全盲の極真空手家であり、パラリンピックのメダリストでもある高田晃一さんの存在を知りました。高田さんは、空手の試合中のけがによる治療に使われた薬の副作用で、日に日に視力が低下していき全盲になったそうです。それを知った母が、「全盲の空手家がいるなら、弱視だって諦めることはない」と言いました。

そして僕は、空手の試合に挑戦し続けることを決意しました。晴眼者には負けたくなかったので、必死に練習しました。北海道や福岡などさまざまな地方に行き、試合もしました。

極真空手の精神に、このような言葉があります。

「頭は低く、目は高く、口慎んで、心広く、孝を原点として、他を益す」

頭は低くは「謙虚であること」、目は高くは「志を高く持つこと」、口慎んでは「人の悪口を言わないこと」、心広くは「人を許す心を持つこと」、孝を原点としては「親孝行をすること」、他を益すは「人のためになるようなことをすること」という意味です。僕は、この言葉を大切にしながら空手のけいこを続けています。

全盲の空手家の高田さんが教えてくれた言葉に、「苦しい時ほど強くなる」、「強くなればなるほど優しくなれる」、「挑戦を楽しみながら続けていく」という言葉があります。僕はこの言葉通りになれるよう、日々努力を続けています。そして今では、新極真会の大会で好成績を残せるようになりました。それは、自分だけの力でなく、指導してくださる道場の先生、周りの応援があり、対戦相手がいてくれたからです。つまり、周りの人に感謝する気持ちが何よりも大切だということです。

僕は今、盲学校に通っていますが、初めは盲学校に通うつもりではありませんでした。それはまだ、自分を「障害者」とは認めていなかったからです。

しかし、盲学校の見学の帰り、一つ上の先輩が「今度はいつ来てくれるの？　また来てね」と言ってくれました。そのようなことを言われたのは初めてでした。周りにも自分と同じような悩みを抱えている仲間がいると分かり、考え方が変わり、盲学校に進学することを決めました。

進学後はフロアバレーボール部に入りました。フロアバレーでは空手のような個人プレーではなく、チームプレーを学ぶことができました。そして、その年の関東大会で優勝することができました。その時の喜びは自分一人ではなく、チーム全員で分かち合うことができました。

目の不自由なことも今では普通だと思えます。このように思えるようになったのは、両親、空手道場の先生、学校の先生、友達などたくさんの人々の支えがあったからです。挑戦し続けることとは、大変なことやつらいことがあるかもしれませんが、僕はこれを神様からのチャレンジだと思い、これからも全てのことに「挑戦し続けます」。

押忍！

【本人コメント】

当時は空手そして盲学校のおかげで自信を持つ事ができ、弁論大会をきっかけにパラ水泳に出会いました。現在は水泳でパラリンピック出場という明確な目標も見つかり日々挑戦し続けています。

【指導者より】

中二のときの清水君のクラスは、普通校から二名、盲学校から一名の計三名でした。その年の関東大会は、たまたま近くの附属。盲学校の世界にも、いろいろな経験や考えをもった人がいる、もっと広い世界を見てほしいという思いから、弁論大会に参加することにしました。三人の生徒がそれまでの自分の歩みを振り返り文章を綴りました。三人での校内予選は甲乙つけがたく、誰を代表にするか、みんなで頭を悩ませました。清水君が出場することになり、二人は聴衆として参加。結果は全国大会進出で、審査員特別賞を受賞。その後、清水君はこの弁論を交流校をはじめとしたいろいろな場所で披露、多くの人に自分の思いを伝え、交流が生まれました。

名取　恵津子

第二七話

「私は回遊魚」

二〇一六年第八五回大会優勝弁論

福井県立盲学校高等部専攻科理療科三年(27)
松田　えりか

「回遊魚」という魚を知っていますか。おそらく多くの方は聞いたことがあると思います。サケという魚は回遊魚の中でも変わった特徴があります。彼らは産卵の頃になると、幼い頃を過ごした生まれ故郷の川に戻ってくるのです。遠く離れた海から、故郷の川の独特の匂いを頼りに、間違いなく生まれ故郷の川に戻ってくるのです。一匹くらい故郷への帰り道を忘れて、一人さまようあわれなサケが居たっていいのに。こんな呪縛のような考えにとらわれるようになったのは、私の兄姉が二人そろって教師になったことがきっかけでした。

私の両親は教師をしています。兄姉もそろってその道に進んでから、私は家に居場所を見つけられなくなりました。食卓で交わされる会話は学校の話ばかりで、会話に入ることができませんでした。周囲に自分が障害者だってことを知られちゃいけない、兄姉二人に迷惑をかけちゃいけない、と毎日そんなことを考えながら過ごしていました。当時、兄姉は私の病気について知らされていなかったので、私が何かをこぼす、蹴飛ばすといったことがあるたび、容赦ない言葉が私に降りかかりました。そしてそんな私をいつもかばってくれるのが母でした。

私は昔から母が大好きで、よく一緒に出掛けました。しかし母の知り合いに出くわし「娘さんも教師を？」と聞かれることが増えるようになりました。私自身、周囲の自分に対する見方も理解するようになり、「母が教師じゃなければ」「私が障害者じゃなければ」と思うことが増え、徐々に母を避けるようになりました。同時に家にいる時間もだんだんと減っていきました。

月日が流れたある日のこと、体調を崩した母にこんなことを言われました。

「えりが笑ってるとあたしもすぐ元気になれる。えりが暗い顔してると私まで落ち込んじゃうの。なんていうのかな、えりが私の主役なんだろうね、きっと」と。私はしばらくこの言葉を忘れることができませんでした。正直いい大人が主役だなんて言われて、恥ずかしいとさえ思いました。しかし、後になればなるほどこの言葉の持つ意味の強さに胸が熱くなりました。

私はこれまで白と黒、たった二色のモノクロの世界を生き続けてきました。活力もなければ、笑顔もない、何気なく世界が流れている、そう思って過ごしていました。まるで、広い海に取り残されてさまようあの一匹の回遊魚のように。兄や姉に隠された存在で、私に光は当たらないと思っていたこと、障害のある人の可能性には限界があると感じていたこと、それらが私をずっと支配しさまよわせていたのです。

しかしこんな私を母は「主役」だと言ってくれたのです。私は大切なことを忘れていました。兄でなく、姉でなく、自分がこの人生の主役だってことを。自分が主役だって思うと、光は必ずついてくる、どんなときも光は私を照らしてくれる。一瞬一瞬がなんてかけがえのない時間なのだろう。心が感じるままに笑ってみたい、喜んでみたい、心躍らせてみたい。そんな気持ちでいっぱいになりました。さらにもう一つ。どんな主役でも苦しい状況から立ち上がろうとするそのときが、物語の一番の見せ場だということにも気が付きました。私にとっては今が、まさに輝きを放つ、そのときなんだと。母は私に教師として大切なことを教えてくれたのです。

どうしてこれまで、こんな母の愛情に気が付かなかったのだろう。今までなんて情けない主役を演じてきたのだろう。言いようのない悔しさが胸を埋め尽くしました。

私は帰り道を見失い、さまよっていたあの一匹の回遊魚でした。そして私の故郷は、母そのものでした。故郷の放つ独特の匂いは母のあたたかな愛情でした。私はようやく確かな帰り道を見つけることができました。そして気づいたことは、本当の回遊はこれからだということです。どんなときも、どこにいても感じることのできる故郷の匂いが、私を前へと向かせてくれました。そして見えた先にあったのがこの盲学校でした。

私は回遊魚です。生まれつき輝かしいひれをもち、まばゆい光を放つ熱帯魚ではありません。ただがむしゃらにひれを動かし、前を見つめる回遊魚です。これまで流した涙も無駄ではありません。だって、私の前に川を作ってくれるから、海を作ってくれるから。これから私が進む新たな道となってくれるから。

私は今、この盲学校で心躍らされる出来事にたくさん出会うことができました。心から笑い合えるとても大切な友人にも出会うことができました。そして新たな目標も。母のようにあたたかい心を持って視覚障害者の教育に携わること。

私の回遊は始まったばかりです。ここから大海原に向かって泳ぎ続けて行きます。いつも心にたくましく輝き笑う故郷のことを抱きながら。

【本人コメント】

大海原目指して旅立った私。現在は教員免許取得後、大学院生として視覚障害教育に携わっています。大切な人に感謝する、それが今の私の「明日への活力」です。

【指導者より】

「先生、弁論のご指導よろしくお願いします！」緊張した面持ちで松田さんが来た時、私は彼女が悔いなく想いを伝えられるよう支えたいと強く思いました。当初、松田さんは大会出場を迷っていました。しかし自分の夢や家族への想い、今の自分があることへの喜びと周囲への感謝の気持ちが彼女を大会出場へと後押ししたのです。松田さんは毎日学校が施錠されるまで残り、語り方や感情の込め方、声の出し方など真摯に練習に取り組みました。そして当日、溢れんばかりの想いを伝えきった彼女の笑顔は本当に清々しいものでした。一途に訴える松田さんを見守った日々が昨日のことのようです。夢に向かい、力強く遊泳する彼女をこれからもずっと応援しています。

山本　しほこ

第二八話

「宝物」

二〇一六年第八五回大会特別賞弁論

岐阜県立岐阜盲学校高等部普通科三年(18) 池田　稜

「稜君将棋しよう!」

中学二年のころ、突然視力が低下しました。一カ月以上にも及ぶ通院の上、レーベル病という遺伝の難病だと診断されました。あまりにも突然の出来事に驚くこともできませんでした。日を追うごとに視界の中心にある白い物体が大きくなる代わりに、自分のできることはどんどん狭くなっていきました。ボールが見えなくなり野球を辞めました。黒板の文字も見えづらくなり塾も辞めました。当時、仲の良い友達と目指していた高校も諦めました。友達とも話をすることも少なくなりました。周りから見下されている、そんな風に被害妄想もしました。家に帰れば親には八つ当たりをして、弟といるとすぐカッとなりけんかばかりしていました。障害が憎くてしょうがなかったです。何もできない私は、周りから置いていかれる一方で……そう思うと余計にストレスを感じる日々でした。プライドばかりが高く、障害のことを誰にも言えず、友達も夢も、何より自分自身さえも全て失ったように思い、何もかもがどうでもよくなりました。なぜ私だけが病気にならなくてはいけないのか、なぜ家族で私だけなのか。出口のない自問自答を毎日繰り返しました。

「稜君将棋しよう!!」　そんな日々を過ごしていた私にこの言葉をかけてくれたのが弟でした。何気なく弟に将棋を教えてもらいました。私が将棋と出会ったきっかけは弟のこの一言でした。将棋クラブに通っていた弟に勝てるわけもなく完敗しました。しかし見えなくて全てを諦めていた私が、最後まで一人でできたことがうれしくて仕方ありませんでした。それからの日々は将棋に没頭しました。毎日将棋を指し、弟と同じ将棋クラブにも通い始めました。見えなくて全てを諦めていた私が晴眼者の人と同じ立場で競えること、たった四〇枚の駒しかないのにもかかわらず、無限に広がる戦法、それが私にとっての何よりの魅力です。

ただ、現実は甘くなく初めて出た将棋大会では、相手の方に「盤に顔が近いことで気持ち悪い」と言われたり、見えていないことで将棋クラブではズルをされたりしました。

その度につらく、将棋を辞めようかとも思いました。しかし、将棋自身の奥深さ、晴眼者の人と同じ立場で競える喜びを知った私にはもう将棋を辞めることはできません。本来負けず嫌いな私はとても悔しく、「自分をバカにした人を見返して勝ちたい!!」、見えにくいなら少しでも頭で覚える、全体が見えないなら見方を変えてみるなど、少しでもハンディが少なくなる方法を毎日試行錯誤しました。障害があっても何もできないのではないということを、将棋を通して晴眼者の人に示す。そう心に誓い努力し続けてきました。初めて市の将棋大会で優勝した時、ハンディがありながらも努力が報われた感覚、自分の力を少しでも証明できた感じが私にはたまりませんでした。

弟へ

あの時君は将棋の相手が欲しかっただけなのかもしれない。それでもあの一言はうつむいていた私に前を向かせてくれた宝物の言葉だよ。君が与えてくれた将棋は笑って話せる友達、自信、何より「もう一度頑張ろう！」そう思わせてくれたきっかけにもなったよ。普段なかなか素直に言えない兄だからこの場で言わせてください。ありがとう。

視覚障害を経て確かに失ったものもある。それでも将棋を通して分かったことは全てを失ったわけではないということでもあります。もし視覚障害になっていなかったら、将棋とも出会えなかった。そう思うと憎かった障害に対する気持ちも不思議と和らいできます。

先日、病院受診の際、目の神経が傷み始めている。そう宣告されました。正直これ以上視力が低下するのは怖いです。まだまだ不安なこともあるけれど、四年前の私と今の私は確かに違います。

将棋には「歩（ふ）」という駒があります。「歩」は他の駒に劣って、前に一歩しか進むことのできない駒です。しかし、一歩ずつ進むことにより相手陣地に入り、裏返り、「と金」という駒になります。「と金」は将棋の駒の中でもとても価値の高い駒だと言われます。私も「歩」のように、他の人と比べて劣っているかもしれません。しかし一歩ずつ進むことによって変わっていきたい。その途中で不安になる時、引け目を感じる時あるかもしれない。それでも将棋でつちかった自信を武器にして切り開いていきたい！

将棋と巡り合わせてくれた弟のあの一言は、私にとっての宝物です。

【本人コメント】

弁論では話し方以上に論旨にこだわり、本番直前まで多くの先生方と相談し調整して大会に臨んだ。これは、弁論大会に対する意気込みや勢いもあり、結果がついてきたことはうれしい。

【指導者より】

前年の中部地区盲学校弁論大会は、二位までが全国に出場できるところ、三位という結果で悔しさを味わいました。翌年は、全国へ行きたい一心で、自身の視覚障害に視点を向け、生きる支えであった将棋を主題とし原稿作りに励みました。その過程で、国語科複数の教員に添削を仰ぐ姿は印象的でした。また、将棋と出会わせてくれた弟へ感謝の気持ちを語る部分は、手紙形式で始まり、聴衆へインパクトを感じさせます。彼は話す際、早口になりがちでしたが、激戦の中部地区では、自分の殻を破って声に抑揚をつけ、二位と四点差で最優秀賞を、全国では、特別賞を受賞します。人前で堂々と話した経験は、彼にとって貴重な宝物になったことでしょう。

近松　孝洋

第二九話

「母から届いた贈り物」

二〇一七年第八六回大会特別賞弁論

東京都立久我山青光学園中学部二年（14）　渡辺　健

皆さんは、友達などにバカにされたり、悪口を言われたりするとどんな気持ちになりますか？きっと多くの人は、落ちこんでしまい何もかも諦めてしまいますよね。しかし、人は、励ます気持ちがつまった言葉や音楽に出会うと、前向きになれるはずです。私には、うそのように人生が変わった、まるでまるで魔法のような言葉があります。

私は生まれつき右目が全く見えず、視力が残っている左目を頼りに、テレビを見たり本を読んだりして、そこから分かる情報を頭の中に入れています。また、私は聴覚障害もあり、特に、スズメの鳴き声のような高い音が聞こえません。

目と耳、この二つの障害がありながら、学校に通う毎日は決して楽なものではありませんでした。私が通っていた小学校は視覚特別支援学校でしたので、前が見にくい、文字の大きさが小さいなど、自分の目についての問題は少なかったのですが、耳についての問題は、先生の話が聞きにくい、聞きまちがいをたびたびしてしまうなどがありました。例えば、小学校の社会のテストで、四七都道府県の県名を全て書く問題がありました。そこで私は、「兵庫県」のことを「しょうご県」とあやまった答案を書いてしまい、悔しく恥ずかしい思いをしたことがあります。同級生からも「おまえ頭悪いなあ」と笑われ、自分の心をぐちゃぐちゃに壊される毎日。学校に行きたくないという気持ちが胸の中にあふれ、生きていることを諦めていた毎日。苦しみと絶望だらけの毎日。最後に行き着いたのは、「誰とも会いたくない、誰とも話したくない、そして早く死にたい」という気持ちでした。当時の私は、羽が折れた鳥のように、私の心も折れていました。また、障害者で、何も人の役に立てない自分が、このまま生き続けていいのかと、考えることもありました。そして、あまり達成感がないまま、小学校生活である六年間が終わってしまいました。

私が中学校に入る前の春、母に自分の障害について、思っていること、感じていることの全てを話しました。

「なんで俺は、障害者として生きていかなきゃなんねえんだ。なんで俺は、障害があるだけなのにみんなから笑われなきゃいけねえんだ。こんな悔しくて恥ずかしい思いをするくらいなら死んでやりてえよ」と、私は母に強い口調で言ってしまいました。

母は、私の普段と違う口調に少し驚いていましたが、「まあまあ、落ち着いて」と、やさしい口調で私に言ってくれました。

それに対して私は、「落ち着けるわけねえだろ。息子の気持ちの分からない母親に何が分かるんだ」と、また強い口調で言ってしまいました。母は、その後何かを考えている様子が見受けられました。母は次のように言います。「人生、失敗はある。だけど失敗だけが人生じゃない。落ち込んでるより、夢に向かって進んでいこう」と言って、私の冷たい手を握り、「努力してれば、必ず運はついてくる」と、ひとこと言って、つないでいた手を離しました。その母の手は温かく、ぬくもりと愛がつまっているようでした。そして私は、苦しみとつらさという長く暗いトンネルを抜け出し、今まで味わったことのない夢と希望の光が見えてくるようでした。

中学二年生になった現在、私には二つの目標があります。一つは学校面での目標です。学校では、英語検定や漢字検定に合格すること、学期末試験で九割以上をとることが目標です。朝六時から三〇分、夜九時から一時間、「眠いー、寝かせてくれー」と思いながらも、集中して真剣に勉強しています。この時、私の頭の中では、集中する気持ちと寝たい気持ちとで戦いが行われています。努力してれば必ず運はついてくる。私はそう信じられるようになりました。

もう一つの目標は自分の趣味である水泳で、世界を「あっ」と驚かせたい、というものです。水泳は週に五回二時間、視覚、聴覚、肢体不自由など自分と同じように障害があるチームメンバーの一員として練習に励み、東京都障害者スポーツ大会や関東身体障害者水泳選手権大会などで優勝、準優勝などの好成績をいくつも残せるようになりました。努力していれば必ず運はついてくる。私はそう信じて今も頑張っています。

前向きになれる魔法、それは言葉です。私は、魔法の言葉の力で人生を全面的に塗り替えることができました。まさに最高の贈り物です。みなさんも、前向きになれる魔法の言葉をみつけて、自分が描いている夢に進んでみてください。世界は夢だらけです。

みなさんの魔法の言葉は何ですか？

【本人コメント】

全国の盲学校から集まった発表者とコミュニケーションを取る機会に恵まれたことは貴重な経験でした。現在は、パラリンピックで金メダルを取ることを目標に水泳を頑張っています。

【指導者より】

健君のお母さんとのエピソードの記述は鮮明で、そのやりとりがどれだけ健君にとって大切な時間だったかを物語っています。また、この部分の語りは、苛立ちを前面に出した健君と、それを包む優しいお母さんの口調を対比させ、声に感情を乗せて表現していました。この対比を意識して、本番まで何度も何度も練習を積み重ねてきました。第八六回大会最年少だった健君は、この練習量に裏打ちされていたからこそ、大舞台でも堂々と語ることができたのだと思います。素敵な弁論でした。

濵口　直也

第三章

これからの人生や社会と向き合う

第三〇話

「僕に続く後輩たちのために」

二〇〇九年第七八回大会優勝弁論

筑波大学附属視覚特別支援学校高等部専攻科鍼灸手技療法科二年(32)

ファン・バン・ソン

「目が見えないあなたが、いくら勉強しても、時間もお金も無駄」

こんなことを、ベトナムで普通校に通っていたころ言われました。

私は、幼いころから視覚に障害がありました。盲学校の存在を知らなかったため、学校は小学校からずっと普通校に通っていました。授業は主に耳で先生の説明を聞き勉強していました。

しかし、徐々に視力が低下し、中学二年生になると、墨字が全く読めなくなってしまいました。学校の先生はよく黒板に文字や図などをかいて、「これプラスこれイコールこれです」というような説明をされました。黒板の文字が見える生徒には何の問題もありませんが、私には先生の説明がわからず、学校の授業を受けることが非常に難しくなりました。

そこで、友達に教科書を読んでもらって、予習と復習を十分に行いました。また、目が見えなくても墨字や図などがかける簡単な道具を自分でいくつか工夫して作り、テストの時はその道具を使って書きました。例えば、墨字をまっすぐに書くために、紙の両端にひもを渡し、それをガイドにして書きました。

しかし、その道具にはいくつか問題がありました。字が間違っていても自分では分からなかったり、書いている途中で間違いに気づいても消すことができなかったりしました。そのため、テストの点数はいつも悪かったです。

そのころ、たくさんの人から「学校をやめた方がいい」。また、「障害のない人が一生懸命に勉強しても就職できないことが多いのだから」と言われました。

それでも、私は学校をやめようとは思いませんでした。将来、就職できなくても、習った知識は必ず自分の生活に役立つと考えていたからです。

私は以前、ニワトリを寒い場所で飼ったために、たくさん死なせてしまうという経験をしました。その後、先生が教えてくださった通りに飼育したところ、寒さで死ぬことがなくなり、健康に育てることができるようになりました。

高校を卒業してからは盲人協会に入り、点字を勉強しました。それから普通の専門学校で三年間、漢方薬や鍼灸（しんきゅう）マッサージを勉強していました。点字の教科書もなく、点字用紙を買うお金もなかったので、ほとんど耳だけで聞いて勉強していました。

卒業後、障害のない人が働くリラックス・マッサージ・センターに就職のお願いに行きました。しかし、三つのセンターに行きましたが、結局、目が見えないという理由で断られました。

そのため、村に帰り、お金を借りて治療室を開くことにしました。私は熱心に勉強をし、一生懸命仕事をしました。そこで、たくさんの人たちから信頼されるようになりました。

そんななか、私は日本に行くことを決心しました。そのきっかけは、ベトナムでの数百人の視覚障害者との出会いです。ベトナムでは、盲学校は中学校までしかありません。高校は普通校に進学しなければなりません。そのため、高校を卒業していた人は、彼らの内で数人だけ。仕事をもっている人も少なく、生活が困難な人がほとんどでした。

私はその様子を見て、どうにかならないものかと考えました。

そこで、日本で鍼灸マッサージの教育を受け、さらには視覚障害者への教育方法を学び、それらをベトナムに持って帰ろう。そして、視覚障害者であっても学習できる学校をつくり、自立できるようにしたいと考えました。

それが日本に来るきっかけであり、今の私の夢です。

夢をかなえるため、今、生理学などの教科書をベトナム語に翻訳しています。そして、五人のベトナムの視覚障害者にスカイプで日本語を教え、同じ夢を追いかける同志を育てています。

「視覚に障害があっても、勉強して一生懸命働けば道はひらける」

この信念を持って日本で学び、少しでも古里の視覚障害者の役に立ちたいと思っています。「目が見えないあなたが、いくら勉強しても、時間もお金も無駄」と、後輩たちが二度と言われないように。

【本人コメント】

卒後、ベトナムで視覚障碍者を対象とした按摩講習会や障害者差別防止に関するセミナー等を行ってきました。みんなで支え合って、より社会参加や自立できるように努力し続けたいと思います。

【指導者より】

ソンさんの担任であった私に、最初の原稿を持ってきた内容は全国大会のものとほとんど同じでした。ベトナムでの自身の視覚障害者としての苦労や屈辱、周囲の視覚障害者の悲惨な状況、来日のきっかけ等が時系列で満々と綴られていました。その中でソンさんの目が特に力強かったのは、勉強がとても好きだったことと視覚障害者が勉強しても無駄だという周囲の声に対する部分でした。その部分の強調を助言した結果、弁論の初めが「目の見えないあなたがいくら勉強しても時間もお金も無駄」というフレーズになりました。さらに、国語科の先生にも多くの助言を頂き、「後輩たちが二度と言われないよう」という結びになりました。ソンさんは目を輝やかせながら弁論に向かっていました。

細沼　修

第三一話

「僕が一番見たいもの」

二〇〇九年第七八回大会準優勝弁論

大阪府立視覚支援学校高等部本科普通科二年(17)
横井　秀平

「横井が一番見たいものってなんや?」

去年、担任の先生に聞かれました。

僕は生まれつき視力がなく、周りの物や景色、家族や友人など、見た経験は全くありません。光も感じることが出来ず、常に真っ暗な中で生活しています。太陽の熱、気温、時間で、一日のサイクルを作っています。

そもそも「見る」というのはいったいどういうことなんだろう?

辞書では「目で物や情報をとらえる。視覚に入れる。眺める。目を対象に向けて、その存在・形・様子を自分で確かめる」と記されていました。友人は、「『見る』とは、触れず、嗅(か)がず、聞かずして、そのものがわかることや!」といいます。だけど、僕にはこの「見る」という意味が、いまいち理解できません。

「赤」「青」といった物の色、「空」「雲」といった景色は、触れても、聞いても、分かりません。

「横井、一番見たいものってなんや？」

「あんまり考えたことないんですけど……」

「そんなわけないやろ！　なんか一つくらいないか？」

僕は何も答えられなくなりました。

続けて、「横井は、色に対してどんなイメージ持ってんねん？」と聞かれても、僕は無言のまま。

先生にこの質問をされるまで、僕は「あれが見たい！　これが見たい！」といった欲求を感じたこともなければ、「色」について考えたことも、全くありませんでした。

「すべての物や景色に色がついている、とのこと。色について全く知らない自分が恥ずかしい。このままでは、晴眼者と会話できない！」そう感じました。

「これって、どんな色なんだろう」

「ここは、どんな景色なんだろう」

そんな疑問を感じたら、積極的に周りの方に聞いて、少しずつ知識を増やしています。

ちなみに、僕の色のイメージですが……。

赤……、郵便ポスト・リンゴ・コーラの自販機。

青……、空・海・ポカリのラベル。

黄色……、バナナ・レモン・ヒマワリ。

緑……、葉っぱ・黒板・JR西日本の緑の窓口。

茶色……、樹木・土・チョコレート。

透明……、ガラス・水・コップ。

黒……、ピアノ・炭・丹波の黒豆。

ピンク……、恋の色。

そして、僕が今見ている色は……、真っ暗な、真っ黒。

今になって、やっとこれぐらいの知識があるくらいです。色についてもっと自分で勉強しようと、辞書で「赤」と調べても、「三原色の一つ。炎の色」としか記されておらず、ほかにどんな用途で「赤」という色が用いられているのか、分かりませんでした。僕はその時、「具体例や用途を多く取り入れた、全盲にわかりやすい『色辞典』があれば」と思いました。もし、そんな事典があれば、もっと色に対するイメージが深められ、晴眼者との間のすき間が少しでも減ると思います。

僕は、色についてもっと、知識を増やしたいんです。もっと、みんなと会話がしたいんです。すべての物の色がわかる色辞典。ぜひ、作ってください！　お願いします！

触れず、嗅がず、聞かずして、そのものがわかる。この「見る」ということは、僕にとってすごい超能力に思えます。しかし、逆に何も見ないで生活できる全盲者も、超能力を持っている人、ではないでしょうか？　停電して周りが真っ暗になっても、僕は平気ですから！

いま、僕が一番見たいもの。それは……、いつもボクの前に広がっている状況。

いまであれば、この会場に来られているみなさんの顔。みんなそれぞれ違う肌の色が見たい。

それと……、いつもそばにいてくれる、お父さん、お母さん……。

【本人コメント】

あれから一〇年、スマホが普及した現在では、対象物の色を読み上げるアプリが開発されている。アプリの普及によって、盲人の色に対する認識がより深くなることを願っている。

【指導者より】

「見る」ということは、どういうこと？　彼は、生まれつき見えない真っ暗な世界が当たり前で、この弁論まで考えたことがなかった。晴眼者へ、印象残る素晴らしい弁論であった。

不動　富成

第三二話

「過去の闇から未来の光へ」

二〇〇九年第七八回大会第三位弁論

福岡県立柳河盲学校中学部二年(14)　緒方　健人

僕が初めて自分の目がゆれていることを知ったのは、小学校二年生のときです。友達から「うわっ、こいつ、目がゆらゆらしよう」と、からかわれました。また、休み時間に、僕が「一緒に遊ぼう」と球技をやっている中に入れてもらおうとすると、友達は急に静かになり、じゃんけんをして、負けた方のチームに僕を入れました。このような屈辱的な出来事が積み重なり、僕はがまんができなくなり、クラスの友達に当たり散らすようになり、次第にクラスの仲間から避けられるようになっていました。

そんななか、三年生になり、チームメートに出会いました。キックベースボールをする仲間です。しかし、一つだけ改善しなければならないことがありました。それは、転がるボールが僕に見えないということです。そこで、仲良しのB君が発した言葉は「ボールば置いて打てばよかやん。走る時は、誰か代走すればいいやん」でした。その意見にみんな賛成し、次の休み時間から、そのルールを取り入れてくれました。そのとき、僕は友達と楽しく一緒に遊べるようになり、本当にうれしかったです。

しかし、僕の視力はだんだんと低下し、四年生の三学期、小学校の先生と柳河盲学校を訪れました。まず、驚いたのは人数のことでした。小学校のおよそ七〇分の一の人数が、全校生徒だということです。体験入学の時、一緒に勉強していた友達とはすぐに仲良くなり、その日の昼休みにはトランポリンをして過ごしました。その日、国語や算数の授業を体験するなかで、点字を覚えた方が文字が早く読めるかもしれない、と思うようになり、その日の夕方、家の台所に立つ母に「五年生から柳河に行きたい！」と伝えました。その時、僕はなぜか分からない涙を流しました。いま振り返ると、小学校の仲間と離れるのがさみしい、という気持ちがあったのかもしれません。

翌年度の五月、僕は柳河盲学校の五年生になりました。そこで出会ったのは、和気あいあいとした全校生徒九名の仲間たちでした。数日もたつと、後輩や先輩たちとも話せるようになり、やがて日がたつにつれ、先輩と「健常者が点字ブロックの上に無断で自転車を駐車すること」などについて不満をぶつけるようになりました。これは、普通の小学校で絶対にできなかったことです！

また、僕はもう一つの生きがいを見つけました。それは、ドラムという楽器です。まず、音楽室にドラムが置いてあることに驚きました。また、コントラバスやトランペットなどの高そうな楽器が部屋のあちこちに置かれていました。音楽の授業中、「懐かしいな」とドラムを眺めていると、「たたいてみるね？」と聞かれ、僕はいとこの家で遊んでいたのを思い出し、簡単なリズムを習いました。僕は面白くなって休み時間などにたたくようになり、どんどんと上達していきました。

そんななか、僕は先生や友達を信頼できなくなり、「どうせ、おれがおらん方がいいちゃろうが！」と、叫び散らしていました。その出来事が発端で、二人のクラスメートとも教室が別々になり、泊まっていた寄宿舎もクラスメートが泊まらない月、火曜日だけ泊まるという形がとられました。実際、いまは授業は一緒にできていますが、寄宿舎はあの出来事から二年がたついまも別々のままです。

しかし、どんなにストレスがたまっても、ドラムの前に座り、スティックを持ち、ペダルに足をのせ、たたき始めれば、すぐにリラックスできます。僕は、これからもドラムを続け、将来、視覚障害者に偏見をもつ人々に「視覚障害者だって健常者と同じことができるんだ」と、私たちの力をアピールしたいです。

そして、二年間、信用を取り戻すため頑張ってきたことを無駄にしないよう、僕はこれからも盲学校の仲間を大切にしたいです。

盲学校で出会った大切なもの。ドラム、そして友達！　僕は、この二つを大切に、過去の闇から未来の光へ走り出します。

【本人コメント】

現在はあはき国家資格を取得して病院に勤務。将来は高校で学んだドラムスを生かし音楽仲間を増やしながら話題豊富で地域から愛される理療師になれるよう精進していきたい。

【指導者より】

二〇〇九年十月十六日（金）文京盲学校で開催された、全国盲学校弁論大会に緒方健人さん（当時中二）の引率で参加しました。入賞された弁論も素晴らしかったのですが、それ以外の生徒さんの弁論も聴衆を魅了するものでした。その中で緒方さんは自分の体験や進路についての弁論を行いました。地元の小学校に通っていた時に感じた疎外感や、転校した柳河盲学校での点字での勉強の難しさ、そしてこれからの自分の進路について熱弁、三位入賞を獲得しました。担任の私からの指示はほとんどなく、彼オリジナルの文章を彼オリジナルのパフォーマンスで表現したものでした。前日の十五日（木）には卒業生も激励に駆けつけてくれたことが印象に残っています。

舟木　和美

第三三話

「『あこがれ』から『現実』へ」

二〇一二年第八一回大会第三位弁論

岩手県立盛岡視覚支援学校中学部三年(14)　櫻田　智宏

僕は小さい頃から「駅員」になりたいと思っていました。駅のホームで、手を挙げて発車の合図をしたり、改札で切符をチェックしたりする駅員さんたちの姿がとてもかっこよくて、自分が駅員になった姿を想像するだけでとても幸せな気持ちになったものです。

視覚支援学校の中学部に入学し、進路希望調査があった時も、僕は何の迷いもなく「駅員」と書いていました。二年生になって本格的に進路学習が始まったある日、先生が言いました。「東京の山手線などは一〇両以上もあって、ドアを閉める時はずうっと後ろのほうまで目で見て、安全を確かめてから合図を出すんだよ」

そういう話を聞いても、僕は先生の意図がよく分かりませんでした。分からないどころか、ますます駅員になりたいという思いが強くなり、絶対に駅員になれると思い続けていました。そんな僕に先生はまた言いました。

「切符の販売も、行き先や料金をちゃんと確認して、間違いのないように、しかも手早くやることが求められると思うよ。細かい字やパソコンの画面を正確に、しかも早く読み取らないとお客さんを待たせることになるしね」

「先生は何を言っているんだ。細かい字？　パソコンの画面？　読めるよ……。でも早くだって」

いや、漠然と分かってはいたのです。でも、それまで視覚の障害についてあまり真剣に考えたことはありませんでした。

「視覚に障害があると駅員にはなれないのだろうか」。そこで、改めて駅員の仕事を調べてみることにしました。インターネットで検索してみると、切符販売や案内、放送、改札のほかにも、車両のメンテナンス、ホームの安全を見守るホーム立哨（りっしょう）、運転士、車掌（しゃしょう）などいろいろありました。どれも視力を必要とする仕事のように思いました。

「僕は本当に駅員になれるのだろうか」

「ずっと思い続けてきた夢をあきらめなければならないのだろうか」

今までに感じたことのない不安がこみ上げてきました。僕は生まれて初めて、自分の視覚の障害と向き合わなければならなくなったのです。

「先生方は中学生の頃、何になりたかったんだろう」。ふと、そんな疑問がわいてきました。そこで先生方に、中学生の頃、何になりたかったか、今その職業に就いているか、仕事をする上で大切なことは何か、進路実現に向けてのアドバイスなどについてアンケートを取ることにしました。

その結果、中学生の頃、なりたかった職業に就いている先生は、回収した六八人中、一四人だけでした。中学生の頃、なりたかった職業として、パイロット、外交官、電車の運転手、医者、看護師などさまざまな仕事が書かれていました。先生方も中学生の頃は、いろいろな夢やあこがれがあったことに親しみを感じました。また、なりたかった仕事に就かなかった理由としては、「ほかになりたい仕事が見つかった」「自分には向いていないことがわかった」「視力の障害」などが挙げられていました。でも、ほとんどの先生方が今の仕事に満足していることも分かり、とても安心しました。

正直なところ、僕はまだ駅員をあきらめることはできません。先生方へのアンケートの中には、進路実現のためには、「あきらめない」「なりたい仕事について情報を集める」「努力を欠かさない」ということも書かれていました。また、仕事をする上で大切なことは、「生きがいを感じること」という記述もありました。

校外学習で盛岡駅に行った時に、障害者雇用についても質問してみました。すると、視覚障害者の雇用はまだないけれど、事務職などさまざまな職種があるので可能性はあるというお話でした。駅の仕事の中で、自分ができることがあるのかどうか、納得できるまで調べてみたいと思います。

僕は今、やっと「あこがれ」から「現実」に向けての一歩を踏み出しました。夢は見るものではなく、かなえるものだと言われますが、誰もがかなうわけではありません。でも、何も努力せずにあきらめるのと、努力して、その結果として進路を変更するのとは違うと思います。夢の実現に向けて、努力することに価値があるのではないでしょうか。その中で生きがいを感じることのできる新たな進路が見つかったとしたら、それは「あきらめ」ではなく、「前進」なのだと僕は思います。

【本人コメント】

後に大学生になり、アルバイトやインターンシップなどを通して、世間の厳しさを知りました。当時の夢は叶えられそうにないですが、自分で決めた道を進んでいきたいと思っています。

【指導者より】

智宏君の「駅員」になりたいという希望と「視覚障がい」という現実の葛藤から取り組んだテーマでした。そこで先生方へのアンケート作成を考案し、特に視覚障がいの先生方からの回答に大きな興味を示し、進路実現に向けての紆余曲折を実感しながら論文作成にあたりました。自分の障がいに真正面に向き合いながらの取組が東北地区弁論大会で三位入賞に繋がることができたと思います。また発表においても感情表現豊かに聴衆に訴えかける力がありましたが、さすがに全国大会前には緊張感にあふれ、その不安解消に放課後に先生方を相手に練習した日々が印象に残っています。（第八一回全国盲学校弁論大会最優勝）

宍戸　武美

第三四話

「月曜おじさん」

二〇一三年第八二回大会第三位弁論

宮城県立視覚支援学校中学部3年(14)　髙木　蓮

「月曜おじさん」。僕がそう呼ぶこの方に、初めてお会いしたのは昨年の冬のことでした。僕はそのとき、常磐線逢隈（おおくま）駅のホームで仙台行きの電車を待っていました。

「おはよう」。そう声をかけて月曜おじさんは、電車が逢隈駅に到着すると僕の腕をやさしくつかみ、電車内へと誘導します。そして空いている席に僕を座らせます。仙台駅に到着するとそっと僕の腕を取って、電車を降り、階段を上り、改札口まで誘導します。「いってらっしゃい」。そう声をかけて彼は去っていきます。名前も知らないこの月曜おじさんの親切な誘導はこの日から毎週続き、もう半年がたちました。

ぼくは毎週月曜日、自宅から学校へ登校し、平日は寄宿舎で生活しています。金曜日に自宅へ帰省し、また月曜日学校に向かう生活を続けています。友達や先輩方に会える楽しみがある半面で、また一週間自宅を離れなければならない寂しさが月曜の朝は、胸にこみ上げてきます。月曜おじさんの存在は、そんなぼくの心を少し慰めてくれるものになりました。

僕と月曜おじさんは、ほとんど話をしません。でも、月曜日になると当たり前のように彼は僕を誘導します。「大丈夫です」と断ろうとしたこともありました。実際に僕は改札口まで自分で行くことができます。ですが、「いいから一緒に行こう」というおじさんの温かい言葉についつい甘えてしまいます。僕を優しく導いてくれる大きな腕が、とても僕を安心させてくれます。僕はおじさんのことを何にも知らないのにおじさんのことを心から信頼しています。それはとても不思議な感じです。

「ホームはとても危険なところだ」。歩行訓練でよく言われます。最近、ホームでは携帯のながら歩きが問題になっているそうで、そんな人とぶつかったらと思うと足がすくみます。人が人を線路に突き落とすという残酷な事件を耳にしたこともあります。自分がどんなに慎重に歩いてもホームには、いえ、世の中には危険がいっぱいです。そんな世の中に僕はとても不安を感じます。それでも僕たちは時に人に助けを求めて、生きていかなければなりません。助けを求めたその人が、はたして信頼できる人なのかどうかを疑ってしまうのはとても寂しいことです。僕は月曜おじさんと出会ったことで、人の温かみや優しさを改めて実感し、世の中に希望を感じることができました。

世の中にはさまざまな人がいます。親切な人ばかりとは限らないでしょう。白杖をぶつけて怒られたこともありましたから。本当に知らない人と接する時は怖いという気持ちが先に立ちます。ですが月曜おじさんの優しい手は僕に希望を与えます。「人は助け合って生きていくものだ。気兼ねなく、恐れずに前に進みなさい」。そう背中を押されているような気がします。人の優しさは世の中へと踏み出す勇気を与えてくれます。ぼくにとって歩く時は白杖が一番頼りだけれど、周囲の人々の温かい心が、更に僕を支えてくれる、そんな気がします。

僕はいつまでも、月曜おじさんに甘えていてはいけないと、思っています。いつか自力で歩くことを伝え、改めてお礼を言いたいと思っています。そして自分の夢をおじさんにこう伝えたいのです。日本中を、世界中を歩き回って、さまざまな人に出会いたい。おじさんと会ったことで感じた出会いの大切さ、人と人が支え合って生きていくこと、世の中への希望、おじさんにもらったたくさんのことを今度は自分が別の人へと伝えていきたい。そんな僕をこれからも見守って下さい。しっかりと地を踏みしめて、僕は前に向かって歩いていきます。希望に向かって前に進み、支え合う大切さを自分の行動をもって伝えていくこと。それが月曜おじさん、あなたへの一番の恩返しだと僕は思います。

【本人コメント】

弁論大会への挑戦、中国への旅行、普通中学校での発表、メディアを通しての人との関わり。月曜おじさんとの出会いが私の世界を広げてくれました。ありがとうございました。

【指導者より】

毎週月曜日の朝の素敵な出会い。その中で蓮さんが感じた人の温かさや感謝の気持ちを、どう伝えればよいかを共に考えることができました。大会前は原稿を覚えることにとても苦心していましたが、弱音を吐くことなく一生懸命に取り組んでいました。そのひたむきさが表現にあらわれ、加えて天性ののびやかな声で、思いのこもった深い味わいのある弁論を作り上げていました。地元開催の全国大会で「月曜おじさん」に実際に弁論を聞いていただくことができました。ハンカチで目頭を押さえるその様子を見て、蓮さんの思いがしっかりと伝わったことを感じました。人と人との出会いの素晴らしさを実感できた貴重な経験でした。

花田　茂美

第三五話

「きっかけ」

二〇一三年第八二回大会優秀賞弁論

北海道高等盲学校高等部普通科二年(17)　安達　星矢

一八〇・五㌢。

札幌の町を歩くと、背の高い人を見かけますが、自分もなかなかの高身長だと思います。棚から物を取る時に、真っ先にお声がかかります。「安達君、鍋取って」

集合場所では目印になります。「星矢の周りに集合」

「どうしたら、身長伸びるの?」とよく聞かれます。おやじが一七六、兄が一八一・三㌢。身長は遺伝です。

学校や寄宿舎は古いので、建物の設計が低いように感じます。油断をすると、入り口に「ゴン」と頭をぶつけます。重い衝撃が全身を貫きます。授業で覚えたキーワードが頭から抜けていくのはそのせいでしょうか。

苦労することはまだあります。それは周りの人が私を誤解することです。スポーツができそう、ギターをかっこよく弾けそう、女子にもてそうだとか。スポーツやギターも期待に応えられるレベルではないことが悔しいのです。自分のふがいなさに、いつも落ち込みます。

そんな気持ちになる「きっかけ」を与えてくれたのは、高等盲学校への入学です。私は三歳から旭川にある盲学校で育ちました。小さい頃は目標とする仲間がいましたが、学年が上がり、身近に超えたい相手がいなくなると、次第に学校生活が退屈になりました。そして今まで以上に怠けるようになり、「努力をせずとも勝てる、褒められる」自分が当たり前。そう思っていました。

中学校との交流で行ったバスケットボールの練習。てきぱきと手際よく練習ノルマをこなす中学生の姿に感心しました。中体連の陸上競技では、自分よりも足の速いやつがたくさんいる。自分は井の中の蛙（かわず）であることは分かり始めていました。ですが、私はこれらの経験を自分を変える「きっかけ」にはできませんでした。

何でおれは盲学校にいるんだと考えるようになりました。自由にのびのびと学校生活を楽しんでいる普通校。そこでなら、私は自分の目標を見つけられる。私は普通校へ進学したいという憧れだけを高めていきました。

ある日、親に胸のうちを話すと、「高等盲学校へ行き、理療師になり、お金を稼いでから好きなことをしなさい」と言われました。「オレの人生、勝手に決めんなよ。くそばあ、くそおやじ」と心で叫びました。小さい頃から、頑固そして短気な親父が好きじゃなかった。

高校一年の職場体験でマッサージの治療院に行くと、そこには患者さんと真剣に向き合う理療師さんの姿がありました。患者様に満足してもらうということを一心に考えている姿でした。その体験から、同じく治療院を開業して、十数年になる親父の姿が重なりました。毎日一人でいかに戦っているか、お金を稼ぐことは決して楽ではないことを身にしみて感じました。その稼いだお金は生活費となり、俺たち家族は生きている。そんな現実の大変さを日々引き受けている親父の説得に、私が勝てるわけがなかったのです。

体力をつけるために高等盲学校へ入学して始めたグランドソフトボール。競い合うスポーツを経験したことがなく、初めはホームランでも打ってやろうかとなめていました。ですが、いざやってみると、球は投げられない、打てない、捕れないの三拍子。ホームランなんて夢のまた夢でした。

昨年の（気温）三四度、大阪での全国大会。相手チームに点差を大きくあけられていました。突然、監督が「星矢、ダイソーに行け」と言うのです。

「今、ダイソーですか」「ああ、そうだ。あっちだ。早く行け」と監督。「あ、はい」。私がとぼとぼと歩き始めると「お前は何をやっているんだ」と監督。「百円ショップに買出しに行こうと思いまして」「ばかやろう。代わりに走ると書いて、ダイソーと読むんだ。早く行け」と監督。そして、人生で初めてホームベースを踏み、一点を取ることができました。ですが、自分の常識のなさに恥ずかしくなりました。自分自身を知らなかったことにも腹が立ちました。

私が井戸ではなく大海を知るきっかけ、実はどこにでもあったのです。盲学校や普通校という環境ではなく自分次第だったのです。高等盲学校への入学という、一つのきっかけが自分を知る一歩になりました。私はこれを自分の成長だと考えています。

自分に腹が立つこと、落ち込むことはありますが、そうした感情を原動力に日々いろんなことを全身で体験してやると思っています。

一八〇・五センチの自分をもっと強く、たくましく骨太にすることが、これからの私の目標です。私の体には頑固な父の血が流れています。

【本人コメント】

中学から高校にかけての経験によって考え方が変わったことを振り返りました。盲学校での経験は、考えを豊かにし、具体的な目標をとらえるなど自分を理解する「きっかけ」となりました。

【指導者より】

星矢くんの持っている力を存分に発揮して弁論大会で発表できるような準備として、仙台に到着した後、宮城県立視覚支援学校に直行し、会場設営の中で担当の先生から当日の流れや会場の様子などを確認しました。その後、宿舎に入り、明日の大会に向けた練習を行い、気分転換に仙台駅周辺に出かけ、楽しみにしていた名物の「ずんだ餅」を食べるなどしました。当日は、全国から選りすぐられた生徒が集まる大会ですが、自分の考えを素直にアピールすることができるような発表を心がけて臨みました。大会結果は、賞に入ることは叶いませんでしたが、星矢くんの満足した表情からは、自分の持てる力を十分に発揮できた満足感を見ることができ安心しました。

伊藤　政勝

第三六話

「夢を力に」

二〇一四年第八三回大会準優勝弁論

奈良県立盲学校高等部普通科三年(17)　山田　陽介

今からお話しするのは、私が奈良県立盲学校に来てからの二年余りのお話です。

私は中学生までは晴眼者でしたが、突然病気に襲われました。その病名は、皆さんがあまり耳にしたことのない病気だと思います。レーベル病という進行性の病気です。当時の担当の先生からは、何年後かは分からないが、将来見えなくなる可能性があると宣告されたのです。

読書が好きな私、映画を見るのが好きな私、スポーツをするのが好きな私、好奇心旺盛だった私が、暗闇に一人ぽつんといるような感じでした。消極的になっていくのを肌で感じました。私は視覚障害者の中では、弱視というまだ恵まれた立場ですが、それでもその立場は嫌いです。

ある時、私は町で同級生の友達に、遠くから「おー、山田やん」と声を掛けられました。でも、その時の私は振り返ることもなく、そのまま行ってしまったのです。見えているけれども、はっきりとは見えていない自分に腹が立ちました。これから先、何が自分を幸せに導いてくれるのでしょうか？

高一の春、四月の暖かく喜びに満ちた入学式のはずなのに、心はなかなか朗らかにはなりませんでした。はっきりとした目標も夢もない。そんな日々がしばらく続きました。でも、今から思えば、そんな自分を大きく変えるきっかけを探していたのかもしれません。そして幸運にも、自分を大きく変えることになる、ある出会いがあったのです。

それは、皆さんもご存知である水泳です。その年の夏に、水泳部に入部しました。あまり乗り気ではなかったですが、みんなの誘いで入部しました。練習はきつく、なかなか速く泳ぐことができないこともつらかったのですが、夏の盲学校の大会を目標に一生懸命に打ち込みました。結果は第二位でした。ですが、それは夢を失ってから、初めて自分の力で何かを勝ち取った瞬間でした。それがめちゃくちゃうれしくて、それをきっかけに水泳にのめりこんでいきました。目標を持って、何度も大会に出場し、そのたびにタイムが速くなりました。目標を達成する喜びと自信が自分を強くさせてくれたのです。

ある時、学校の先生に全国障害者スポーツ大会が来年東京で開催されることを教えてもらい、もっと大きな大会に挑戦できると意気込み、強い気持ちで練習に臨みました。それから数か月後、放課後に体育の先生が言ったのです。「陽介、東京行けるぞ」。その時、無意識に心の中でガッツポーズをしていたのを鮮明に覚えています。しかし、冷静に考えた時、自分が県代表で行くことへの重圧と覚悟も身にしみて感じました。何といっても、全国から選ばれし怪物たちが東京に集結し、五日間戦い抜くのです。それでも、早く彼らを相手に泳ぎたくて仕方ないという気持ちの方が強かったです。そして、大会の日が来ました。会場は水泳では有名な辰巳国際水泳場で泳ぐことができました。試合の時の興奮は今でもはっきりと覚えています。会場全体が興奮と緊迫した雰囲気に包まれ、平常心を保つのが大変でした。そして、自分のレースの時です。アナウンスの声、観客の声援、それら全てが消えた感じでした。飛び込んだ後のことは全く覚えていません。気がつけば、レースは終わっていて、自分が一位だとアナウンスが流れていたのです。一瞬のことで、はっきりとした記憶はないのですが、確かに一位だと発表されていたのです。そして表彰台に立ち、メダルを首に掛けて、ゆっくりと会場全体を見渡した時、自分に誓ったのです。必ずまた六年後、戻ってくると。

私は盲学校で大きな夢を抱くことができました。それは、六年後の東京パラリンピックで金メダルを獲るという私の最大の夢です。今も私と同じ世代のスイマーたちが、同じ夢を抱いて、六年後の大きな舞台に挑戦しています。私たちがこの水泳界を引っ張っていけるよう努力し、私も負けないように全力で戦いたいと思います。これからどれだけ伸びるか分かりませんが、世界のトップスイマーになるために努力し続けたいと思います。

奈良県立盲学校の水泳部で泳いでいなければ、このような夢も考えられなかったですし、そもそも視覚障害者になっていなければ、この夢を抱くこともできなかったと思います。視覚障害者になったことを悲観せず、志高く貪欲に生き続けたいと思います。

ネバー　ギブアップ　マイ　ドリーム。

【本人コメント】

準優勝という結果を頂けて嬉しく思います。ここに来るまでに、たくさんの方のご指導、サポート、応援があり、皆さんと一緒に取れた結果だと思っています。本当にありがとうございました。

【指導者より】

彼は、在学時より常に高い目標を心に持ち実現を目指して行動していました。漠然とした将来の夢ではなく、必ず手に入れたい自分の目標として考えていたように思います。その考えの通り、大学進学後も東京パラリンピックを目指し切磋琢磨し経験を積んできました。今、その目標を手に入れんと最後の詰めに入っている段階です。彼の行動力と地道な努力で自分の道を切り開いていく姿が、弁論大会当時の彼の弁論の中に現れているように感じられます。今後の成長と活躍を期待したいと思います。

大庭　良二

第三七話
「心のコンパス」

二〇一五年第八四回大会準優勝弁論

大阪府立視覚支援学校高等部普通科三年(18)
和唐　衿香

私は生まれつき弱視です。右目は全く見えず、左目はすりガラスを通したような見え方です。これから話すのは私が小学校の時に体験したことです。

小学校は一般校に入学しました。「みんなについていけるかな？　いじめられへんかな？　友達はできるかな？」と不安でいっぱいでした。

新学期になり、担任の先生はまず私の障害のことについてクラス全員に話をしました。すると「障害ってなに？　とにかくキモち悪い」とクラスの誰かに言われたことを覚えています。

そして三年になり、不安に思っていたことが起きてしまいました。移動教室から自分の教室に戻ると、拡大読書機の台の上には「バカ、死ね」と大きな字で書かれたり、ある日にはドッジボールでわざと顔に当てられたり、またある日には、階段を降りていると女子三人グループに十数段上から蹴り落とされたりしました。

私はいじめにあった時、心の中でずっと思っていました。「自分から障害のことについてみんなに伝えよう！　自分の気持ちを伝えれば、きっとわかってもらえるに違いない！」と。そして私は、ある決意をし、担任の先生に相談をしました。「先生、私みんなの前で自分の障害のことについて話したい！　だから、どこかで時間をもらうことはできませんか？」。そう聞くと先生は、「わかった。でも、本当にいいの？　もしかするともっといじめがひどくなるかもしれないよ」。そう言われました。その時、私の胸がグッと苦しくなりました。しかし、私は勇気を出して言いました。「いいんです。人になんにも言わないよりかはましです。だから言わせてください。お願いします」

そして担任の先生に伝えて二週間ぐらいがたった時、校長先生交えて、時間を作ってもらうことができました。私は話を三つに絞って言いました。一つは「右目は全く見えないこと。左目は見えますが、ぼんやりとしか見えないこと」、二つ目は「遠いところが見えにくく、暗いところになるともっと見えづらくなること」、三つ目は「みなさんの手を貸してください！　自分でできることは頑張ってやります。しかし、もしものことがあれば助けてください。そして、他の障害の方で困っているのを見かけたら、助けてあげてください」。そう言いました。

聴いているみんなは、「なんであんた一人のために手貸さんとあかんの？」と、嫌そうな雰囲気が出ていました。そして、やはり二、三日ではわかってもらえず、私は単眼鏡やルーペ、義眼などを見せたり触らせたりしながら理解してもらおうとしました。

そして何日かたち、クラスにある変化がありました。それは夏の宿泊学習の夜、夜空を見ていると先生が、「夏の大三角があるよ！」と言いました。私は見えなかったので、下を向いていると、隣にいた男の子が私の手を持ち、「見て！　星が一つあって、右下と左下に星があって、全部つなげると、ほら！　三角形！」。そう教えてくれました。その時につないだ手は普通に手をつなぐよりかははるかに温かいものでした。

そして、私が一番驚いた出来事がありました。それは、私を階段から落とした女子三人グループが、私と同じ小学校にいた話すのが難しい子に対してある提案をしたことです。「なあ、その子に言葉教えへん？　あ〜、あっ、ほらっ、手話ってやつで」。そういうとクラスメンバー全員は「いいやん！やろやろ！」と賛成し、図書室に行き、手話の本を読み、その子に「おはよう」っていう言葉を教えることにしたのです。休み時間にその子に会う度に、「右手を上から下に下ろして、両手を前に出して、人差し指を曲げる。これがおはようだよ」。そう教えていき、一週間ぐらいがたった時に、その子は初めて「おはよう」っていう言葉が言えるようになったのです。

なぜ、これだけみんなが変化したかというと、それは、私が総合的学習の時間で発表した時の、クラス全員からの感想文に書いていました。「今回、初めて障害の人に会い、とってもびっくりしました。どうやって話せばいいかわかりませんでしたが、とてもいい勉強になりました。これからも、もし困っている人がいたら助けてあげたいです」という言葉がたくさんありました。私はうれしくて、今でも忘れられません。

これはあくまで小学生時代の話ですが、このような体験をし、「人に気持ちを伝えればこんなにもわかってもらえるんだな」と改めて感じ、健常者ともっと仲良くなれる世界ができたらいいなと思います。

人生には明日があります。しかし、道しるべとなる地図などはありません。私は優しさと勇気を忘れず、自分の生きる道は自分で切り開いて健常者と一緒に手をつなぎ、頑張っていこうと思います。

自分を信じて。

Compass of my heart

【本人コメント】

準優勝の副賞で中国旅行に行きました。海外の人とふれあうことができてとてもよかったです。また、優勝した人、三位になった人とも仲良くなれました。いい思い出です。

【指導者より】

作文が苦手で、「弁論なんて絶対イヤ！」と言ってた彼女。させてみると何と話し方が素晴らしく、毎週のように体育館で練習するようになる。これが、まさに弁論の魅力ですね。

不動　富成

第三八話

「ただ寄り添える先生になりたい」

二〇一五年第八四回大会第三位弁論

筑波大学附属視覚特別支援学校高等部普通科二年(17)　松岡　琴乃

私には、夢があります。

それは病気と向き合う未来の子供たちに寄り添い、笑顔と希望を与えられる院内学級の教師になるという夢です。

私にこの夢を与えてくれたのは、十一歳の時のある出会いでした。

幼い頃、両目にがんを患い、何度も入退院を繰り返してきましたが、幸いにもがんは完治し、地元の小学校に入学した私は周りの子供たちとほとんど変わらない小学生らしい生活を送っていました。

しかし十一歳の時、がんは再び現れ、今度は私の右足を襲ったのです。

絶望しました。

厳しい現実を受け入れなければならない苦しみと悲しみで、私の心は暗闇に覆い尽くされてしまったのです。

けれども、厳しい現実の暗闇にもかすかな光は差し込んでいました。

それは「院内学級に行ってみませんか」という、あるナースの言葉でした。

そう勧められ院内学級に足を踏み入れてみると、そこにあふれていたものは、ほかでもないみんなの笑顔でした。

その笑顔を見た時、私はこう思ったのです。「私は病気になり、それによってできなくなったこともたくさんある。でも、私が笑うことは病気にも止められないだろう」と。私に与えられた八カ月という入院期間を変えることができないなら、同じ時間をできるだけ笑って過ごそうと心に決め、すぐに私も生徒の一員として院内学級に加わりました。

この院内学級こそが私を暗闇からすくい上げてくれたのです。

とはいっても、長い入院生活の中には、不安に押し潰されそうになり、眠れない夜はたくさんありました。

そんな時、いつも私を支え、励ましてくれたのは、常に私たち生徒の気持ちに寄り添い、時には手を握り、時には一緒に涙を流してくださる先生と、夜遅くまで話し、一緒に泣き腫らし、それでもまた病気を忘れてしまうほど大きな声で笑いあった友達の存在でした。

こうした人たちに巡り会っていなければ、私がこの試練を乗り越える事はできなかったかもしれません。

十五歳の時、友達はがんが再発した事で亡くなり、その時は再び笑顔を失いました。

しかし、私の中からその存在が消えることはありません。

私にとってその友達は、がんという病気に侵され、生と死の境目を共に歩んだ人生の仲間だからです。

そして今も、私の中で生き続ける仲間が、私に笑顔と生きる力を与えてくれるのです。

この時私は、同じように病気と向き合う未来の子供たちに、笑顔と生きる希望を与えられる院内学級の教師になりたいと思いました。そして、たとえ遠く離れていても、もう会うことができないとしても、仲間が私を生かしてくれるように、ある人の存在で別の誰かを生かすことができるなら、今度は私がその人の生きるパートナーとして共に人生を歩んでいこうと、自身に誓ったのです。

私がこうした夢を持つ一方で、最近「院内学級の減少」という言葉を少しずつ耳にするようになってきました。その理由の一つは、病院という限られたスペースの中で患者をより多く救うために必要なのは、院内学級より一つでも多くの病室や設備だと考える医療スタッフが多いことです。

確かにその理由も理解できますが、私は化学的な治療だけが患者を救うのではないと思います。なぜならどんなに強い薬を使って治療したとしても患者本人に生きようとする意思がなければ病気を治す意味がなく、実際、回復することを妨げてしまうからです。

病気の子供たちにとって何より大切なのは、まずその気持ちに寄り添ってくれる仲間がいることだと私は考えます。院内学級で仲間と支え合うことで、院内学級に通いたいという思いが生きる希望となり、病気を治す力につながるのではないでしょうか。

だからこそ私は、たとえ病気は深刻な状態であったとしても、子供たちに一人ではないという安心感と笑顔、そして希望を与え続けたいのです。

もちろん、障害のある私にとって、この夢を実現させることはたやすいことではありません。しかし、何度も絶望し、それでも希望を持ち続けて生きてきた一七年間の経験全てが、今日のこの私を作っています。これから先はこの経験を生かし、夢を実現させるために一歩一歩確実に夢に向かって歩んでいきます。

そして立派な教師になるのではなく、ただ寄り添える先生になりたいです。

【本人コメント】

弁論で語った夢を追いかけ、大学で勉強しています。想像を超えるハードな大学生活に挫けそうな時もありますが、ボランティアなどで出会う子どもたちの笑顔にいつもパワーをもらっています。

【指導者より】

高校時代の松岡さんの印象は、いつも「院内学級の教師になりたい」という明確な希望をもって学習し、活動している生徒だったというものです。自分の経験を未来の子どもたちに役立てたいという思いが強く、学校の文化祭では、小児がんの子どもたちのことを知ってもらうための展示発表を、有志のグループで行ったりもしていました。学校での弁論の指導としては、練習の際に聴衆役になり、自分の弁論を録音して聞いてみるよう勧めたことぐらいでしょうか。全国盲学校弁論大会で多くの人に向けて発表する機会があったことそれ自体が、指導者的役割を果たしていたと思っています。また、大会を通じて得た自信は、夢を実現するための力にもきっとなっていると思います。

濱谷　和江

第三九話

「僕は障害を『悲しい』と思ったことはない」

二〇一六年第八五回大会優秀賞弁論

香川県立盲学校中学部三年(14)　大野　圭梧

障害がある人はかわいそうだ、と思っている人が多いのではないでしょうか。しかし、僕は障害を「悲しい」と思ったことは、ほんの一瞬もありません。

振り返ってみると、僕に障害があることが分かったのは、生後二カ月のある日のことでした。

「あれ、この子、ガラガラを目で追わないんだね」

親が不審に思ったことから病院へ行ったところ、目に悪性の腫瘍があることが分かりました。右目は完全に進行してしまった状態だったそうです。病名は「網膜芽細胞腫」でした。そのがんが見つかったとき、両親は少し動揺したそうです。父親に至っては、僕が診察を受けているとき「もうこれ以上、息子に触らないでくれ」というような青い顔をしていたそうです。やむを得ず右目を摘出し、義眼をつけて生活することになりました。そんな時に僕の曽祖母が、このことについて川柳を作ったそうです。

「小児がん　嬰児（みどりご）圭梧は　もう義眼」

その川柳を聞いて、母親は思わず吹き出してしまったそうです。また父親も面白いと思ったそうで、これを機に、両親は息子の障害について重くとらえることはなくなったそうです。僕はというと、物心ついた時からこの視力だったので、当たり前のことだと思っていました。「目が見えにくくて不幸だ」と思ったことは一度もありませんでした。

今からちょうど一年半くらい前に、視覚に障害を持つ子供を持つ母親の話を知り合いから聞く機会がありました。その話の中に、母親が子供に対して「私を恨みなさい」とか「やりたいことがいっぱいあったでしょ」というような思いがあるという話がありました。そのとき、その話を聞いていた全ての人が泣いていました。しかし、僕と僕の母親だけはなぜみんなが泣いているのか不思議でした。なぜなら、そのとき僕は心の中で考えていたからです。

「僕は親を恨むとか、やりたいことがあったのにできないだとか、考えたこともないなあ」「そもそも、ほかの人の見え方なんて分からないしなあ」と。

それは、小学校のころ、本当に必要な時だけサポートがあり、そのほかの時は自然に接してくれました。小学校五年生のあたりからは、「大野は目が見えにくいらしいけど、普通だな」と言われたりして、特別扱いされることもなかったからかもしれません。

しかし、僕はその頃から、このまま墨字で学習することは少し厳しいのではと思い始めていました。拡大教科書の字の大きさにも限界があり、授業が遅れがちになってきたからです。僕は点字での学習のほうが効率的だと思い始めていました。点字で学習するのであれば中学からは盲学校に進学した方がよいと思い、盲学校中学部に入学しました。

盲学校に入学してからは、点字に加え、歩行訓練や情報処理機器の扱いなどの学習も始まりました。どれも簡単には習得できませんでしたが、努力を重ねていくうちに自分のものになっていきました。その結果、点字では授業をスムーズに進めることができるようになり、歩行では自主通学はもちろん、自分の行きたい場所に自由に行けるようになりました。情報では、インターネットから多くの情報を得ることができるようになりました。繰り返しの努力によって何事もできるものだと感じると同時に、自分のものになっていく過程が面白いと感じられました。

僕には、この春、夢をかなえて大学へ入学した兄がいます。家の外ではリーダーシップに手足が生えたような人ですが、家ではダラダラしていました。兄は、中学二年のとき成績がガタンと落ち、挫折感を味わったそうです。そこから気持ちを切り替えて夜中の二時まで勉強するようになりました。それで夢をかなえることができたのだと思います。

今度は僕の番です。今年僕は受験生です。今までの学習を生かし、次のステージへと向かうタイミングになりました。ここからがとても大変ですが、次のステージへ進むことができるよう、今までよりも大切に一年間を過ごしたいと思います。僕には目標があるのですが、そこへ進めるかどうかはまだ分かりません。そして、もし進めたとしても、そこでの困難も多いと思います。しかし、今まで通りそれをひとつひとつ克服し、少しでも成長できるよう頑張っていきたいと思います。

僕は障害を悲しいと思ったことはありません。おそらくこれからも、そんなことを思うことはないでしょう。これからも自分にできることを精いっぱいやっていきたいと思います。

【本人コメント】

高校生になり、「もし両目がしっかり見えていたら」というたらればが頭を過る回数は増えたと思います。それでも、今もなお、障害を「悲しい」と思ったことはありません。

【指導者より】

彼は非常に涙もろい生徒で、学習や部活動の中で、できないことに対して悔し涙を流しながら取り組む姿がよく見られました。その彼の涙は、ネガティブなものではなく、成長するために必要な涙だったのだと、弁論から感じました。最初の原稿は、「『悲しい』と思ったことはない」というエピソードが中心で、彼の努力やポジティブな姿勢が十分に表現されていませんでした。推敲の過程で「『悲しい』と思ったことはなくても、困ったこと、やりたくてもできなかったことはないか」、「『悲しい』と『悔しい』の違いは何」などの問いかけを通して、自分自身の振り返りを何回も行いました。その結果、自分努力してきたことや、目標に向かって進んでいる姿勢を文章にすることができ、原稿を完成することができました。

宮本　格孝

第四〇話

「『マイバラード』がくれた勇気」

二〇一六年第八五回大会優秀賞弁論

長崎県立盲学校中学部二年(13)　塩﨑　海依

仲間がここにいるよ
いつも君を見てる
ぼくらは助け合って
生きて行こう　いつまでも

これは、合唱コンクールで歌った「マイバラード」の一部です。こんなすてきな曲を大勢の人の前で、一年二組のみんなと歌っている自分が信じられませんでした。歌い終わった後の感動や達成感、そして障害のある自分でもみんなと同じように生きていけるんだ、というささやかな自信。わたしはこの日のことを、一生忘れないでしょう。

私の通う盲学校では、地域の小中学校と交流学習を行っています。毎週一回、音楽の授業に参加し、二学期にある合唱コンクールに交流学級の一員として出場するのです。去年、私が交流したクラスは一年二組。交流初日のことは今でも鮮明に覚えています。

以前、小学校と交流していたときは、周りが私を特別扱いをしているような気がして、とても行きづらさを感じていました。だから、この日もとても緊張しながら中学校に行きました。しかし、玄関に入ってびっくり。交流学級のみんなが、カードを一枚ずつ持って立っているのです。そこには、「海依さん、ようこそ!」と大きな文字で書かれていました。それを見た瞬間、私は歓迎されている、ということがわかって、とてもうれしくなりました。

それから一年二組と活動していくうちに、みんなは私を、交流に来る特別支援学校の生徒としてではなく、自分たちと同じ中学生として接してくれていることに気がつきました。しゃべるときはため口でしゃべりかけてくれたし、普通に友達のように接してくれました。いつも私の手引きをしてくれている女子たちと、盲学校がどういうところかとか、家族のこととか、いろんな話をしたこと。男子と先生とのやりとりや、みんながふざけて歌っていたこと。そんなありふれた中学校での日常の光景が、私にとっては貴重なものでした。

そして迎えた合唱コンクール当日。「目指せ金賞!!」を合言葉にクラス全体が団結し、ステージに立ちました。私もみんなの声を聞きながら、必死で歌います。このとき、まるで最初から一年二組の生徒であるかのように、みんなと一緒に歌い、緊張している自分が信じられませんでした。結果は惜しくも銀賞でしたが、この日味わった感動は、一生忘れません。

後日、いつも私の手引きをしてくれていた女子たちから、手紙をもらいました。なんとその手紙は、点字で書かれていました。中学校の先生から、二人は自分たちで点字を勉強し、一生懸命書いてくれたということを聞き、うれしさと感謝の気持ちで胸がいっぱいになりました。

しかし、社会の中ではこんな体験ばかりではありません。眼科に行ったとき、階段をゆっくり下りていたら、「早く行ってください」と後ろから心無い言葉をかけられたこと。行きたい所ややってみたいことを言うと「見えんけん、無理やろ」と冷たく返されてしまったことなど、今まで悔しい思い、悲しい思いもたくさんしてきました。私は障害者になりたくてなったわけではないのに、一人でできるんだったら一人でするのに、行きたい所だってバスや自転車に乗ってどこでも行きたい。私だって普通の中学生と変わりありません。

社会の中には、小さな子供からお年寄りまで、幅広い年齢の人がいます。さまざまな障害者がいます。それが社会の自然な姿だと思います。そしてみんな同じように、泣いたり、笑ったり、怒（おこ）ったり、喜んだりします。将来の夢や希望があります。みんな同じ一人の人間です。だから私は、健常者、障害者、老若男女関係なく、みんなが助け合って笑顔で過ごせるような社会にしたい。一年二組のみんなが、私を自分たちと同じ中学生として接してくれたように、社会全体がそうなってほしいと思います。

仲間がここにいるよ
いつも君を見てる
ぼくらは助け合って
生きて行こう　いつまでも

私は一人じゃないんだ。私を理解してくれる仲間や助けてくれる人がいるんだ。「マイバラード」を思い出すたび、心が温かくなり、勇気が湧いてくるのです。

【本人コメント】

この弁論を書いたとき、人種、性別、障害の有無に関係なく助け合える社会になってほしいと思っていました。今は、互いの状況や事情を「知る」ことが平和な社会の第一歩だと考えています。

【指導者より】

指導に当たっては、伝えたいことや自分の気持ちを素直に言葉にすること、構成や表現を工夫することなどについて助言しました。海依さんは、吸収が早く努力家で、毎日のように発声や発表の練習を行い、一生懸命頑張っていました。全国大会前に、この作品にある中学校で弁論する機会をいただいたのですが、その時体育館いっぱいの聴衆（全校生徒・職員・保護者）を前に、何ら動ずることなく堂々と発表した姿は、今でも忘れられません。この弁論は、交流及び共同学習への理解を深める大きな契機になったと思います。

佐藤　博美

第四一話

「水の中で生きる」

二〇一七年第八六回大会第三位弁論

香川県立盲学校高等部専攻科理療科二年(28)　三野田　大翔

三年前のある朝、目が覚めると水の中にいるようでした。

妊娠中の妻と一歳の息子を持つ、あの頃の私にとって、すごく居心地の悪い水の中だったのを今でも覚えています。

視覚に障害を持つ皆さんは、自分の見え方を友人や初めて会う人にどのように説明していますか。私は水の中で目を開けた時のように、全てがぼやけている状態と伝えています。

高校時代には部活動のホッケーに打ち込み、四国大会の優秀選手賞を獲得し、国体選手にも選ばれました。仕事ではファッションショーや結婚式のモデルをするなど、とても幸せな生活を送っていたと思います。結婚をし、子供も生まれ、さあこれから頑張ろう、そう思った矢先の出来事でした。

当時は家族を支えなければならないという気持ちが強く、弱音を吐く間もなく、仕事を続けざるをえない状況でした。しかし、徐々に水は濁ってきます。自分を偽り、仲間に隠して仕事を続けていました。結婚式のモデルでは、見えにくさから誓いの言葉が読めなかったり、階段を踏み外してけがをしそうになったりもしましたが、笑って謝るしかできませんでした。家族のために働かなければと自分に言い聞かせ頑張りました。

そんなある日、突然妻が私に言いました。「盲学校に行ってみたら」

私は戸惑いました。「いや、だって働かないかんやん」

「今のあんた、かっこわるくて見ておれんわ」

「そんな事、言うたって、生活はどうするんや」

「私が働いたら一緒やろ」

一刀両断されました。頑張って働いていた私にとって、信じられない言葉でした。怒りさえ覚えました。

しかし、妻も妻なりに悩み、考えての言葉だったのです。実は、私の母も五年前、突然視力が低下し、盲学校に入学しました。今では卒業して、いきいきと働いています。そんな母を妻は見ていました。何か道が開けるのでは、と思って出た妻の言葉だったのです。半強制的に盲学校に入学させられた私ですが、そこで出会った理療の世界に魅了されていくのです。

入学当初は、親指だけでの腕立て伏せばかりで、あん摩の授業は痛くてつらいだけでした。経絡や経穴といった存在するのかしないのか、はっきりしないものを勉強させられ、本当にこれでいいのだろうか、不安でした。

転機となったのは、昨年十一月に参加したマッサージボランティアでのことです。患者さんからいただいたある言葉「ありがとう、楽になったわ」

この言葉を聞いて自然と涙がこぼれそうになりました。

水の中で生活を始めてから、できなくなることばかりを数え、自然と人との関わりも減っていました。そんな時、「ありがとう」という言葉に、視覚障害者にとって理療がどれだけ大切なものか気づかされました。視覚障害があっても人の役に立つことができると実感し、力が湧いてくるようでした。それからは受身ではなく、自ら練習に、勉強に向かうようになりました。

私の好きな言葉は「一所懸命」です。一生懸命ではなく、「一所懸命」、つまり一つのところ、一つの事柄で懸命に頑張るということです。今の私は理療に対して一所懸命に向き合っています。人は一所懸命な時、一番輝けると私は思っています。また、その輝きが濁った水の中に明るい光を与えてくれるのです。皆さんが一所懸命になれることは何でしょう。輝けることは何でしょう。まだ「一所懸命」になれるものに出会ってない人がいるなら、ぜひ見つけてほしいと思います。出会っているなら、より一層輝かせていきましょう。

今でも見え方は変わらず水の中にいるようです。しかし、その水の中も少しずつ明るい光が射し、居心地のいい空間になってきました。私を応援してくれている妻、信号の色を教えてくれるようになった長男、パパを『ばいきんまん』と呼ぶ長女、母として先輩として温かく見守ってくれているおかん、切磋琢磨し笑いあえるクラスメートたち、家族や周りの人たちに感謝しながら、もう一度、一所懸命に輝きを取り戻し、かっこよくなってやろうと、今は思っています。

【本人コメント】

弁論大会で人生を振り返った一年半後、三療にも合格し社会復帰することができました。世間一般とは少し意味の違う、見えなくなってからのセカンドライフを楽しんでいます。

【指導者より】

三野田さんは、平成二十八年に専攻科理療科に入学してきました。在学時は、勉学はもちろんのこと、学校行事や部活動にも「一所懸命」に取り組む生徒でした。特に全国盲学校野球大会では、朗らかな性格からチームのムードメーカーとして活躍しました。通学時には、二児のパパとして毎日保育所に送り迎えをしていました。一人の手を引き、もう一人をおんぶして歩く姿をよく見かけました。今回の弁論は、そんな彼の人柄がよく表されたものであると思います。弁論大会に向けては、観衆に伝わる話し方として「声量・抑揚」に特に注意を払い練習に励みました。全国盲学校弁論大会ではその成果が十分発揮され、三位入賞という素晴らしい結果となりました。

佐々木　光毅

第四二話

「五感」

二〇一七年第八六回大会優秀賞弁論

岩手県立盛岡視覚支援学校高等部専攻科保健理療科二年(56)　宇部　千寿子

「人には五感があるけれど、視覚を失った時六番目の感覚を手に入れます。他の四つの感覚がとぎすまされるのとは別に、あなたは『心の目』でものを見るようになる」

そんな話をしてくれたのは、白杖訓練の先生でした。この先生との出会いも含めて、私は病気の悪化と共にその向き合い方が少しずつ変化してきました。今日は、そんなお話をしたいと思います。

私は、子供の頃から弱視でした。名医と呼び声の高い眼科医をいくつも訪ねましたが、原因は分かりませんでした。黒板や教科書の文字が見えにくく、運動でもボールやゴールが見えにくいなど、苦手なことばかりに囲まれていました。友達と違う自分が嫌でした。見えないことを言い訳にするのも嫌でした。元来頑張り屋ではない私は、そんなコンプレックスのお陰で頑張れていたようにも思うのですが、それは病気を否定し、病気である自分自身も認めきれない居心地の悪い日々でした。

そのため、障害者手帳を手にしたのも二〇代を終えてからです。でも、その時、意外にもほんの少しだけ気持ちが楽になりました。「できないことがあるのは仕方ないよね」誰かにそう言ってもらえたような安堵感がありました。家族は私のことを案じていましたが、理解しているとは言えず、それは私にとっても周囲にとっても病気を受け入れるための最初の一歩になりました。

それから数年後、原因不明だった病名がはっきりしました。失明の可能性もある病気だったのでショックもありましたが、私はまた少しだけ楽になりました。友達には恵まれていても、病気に関してはいつも孤独だったので、この世のどこかに同じ病気の人がいる。それを支えてくれる団体もある。そんな事実は心強く、むしろうれしくさえありました。

差し当たり、白杖の訓練を受けようと思い出会ったのが、冒頭でお話しした先生です。「白杖を使うようになったら、あなたは人の優しさと冷たさを今よりも強く感じるようになります」。先生のそんな言葉を裏付ける出来事はすぐに起こりました。

路上訓練の時、交差点で一緒に信号待ちをしていた初老の婦人が、上体を引き気味にし肩をすくめ、私の爪先から頭まで何度も視線を走らせているのに気付き、何とも言えない気持ちになりました。

また、駅での訓練の時には、一人の青年が先生と私の間に割って入り、「大丈夫ですか?」と何度も声をかけてきました。「大丈夫です」と答えると、すぐに去っていきましたが、あっけにとられているる私に先生は、「あの青年は離れたところからずっと私たちを見ていたんですよ。白杖をついた女性が変な親父に絡まれていると思ったんでしょう。いい若者です。あんな若者が増えると日本はもっと良くなる」と、うれしそうに話してくれました。

どちらもそれまで経験したことのない出来事でしたが、偏見に心を傷めるより、差しのべられた優しさに気付くことが大切だと思わされる出来事でした。この先生の言葉には他にも印象的なものがいくつもあります。実際に私が白杖を使うようになったのは、それから随分後のことですが、先生のことは今でも時々思い出します。

そして私は昨年、盛岡視覚支援学校に入学しました。何度も選択の機会がありながら、とても遠回りをしてきたので、少しやけくそのような心境もありましたが、そんな気持ちはすぐに吹き飛びました。

生徒数は少ないけれど、みんなそれぞれに個性を輝かせ思いやりにあふれていて、私のことも気持ちよく迎え入れてくれました。多くの先生は、生徒の笑顔を引き出し、可能性を広げ、やる気を育てようとしているのが分かりました。とても明るい空気が流れていて、一般社会よりも健全にさえ思われました。そして何より、ずっと求めても得られなかった、病気について語り合える人たちがそこにいました。これまでで最も見えにくい状態ながら、最も肩肘を張らずに笑顔で過ごせているのは支援学校のみんなのお陰です。

病気と共に生きることは、五感を備えた人たちの生きる道より、少し険しい道のりですが、積み重ねた努力と理解者の存在、そして、その理解者の気持ちの尊さが、豊かな心を育てるのだと思いました。こうして私はためらいを繰り返しながら、とても長い時間をかけてここまでやって来ましたが、そろそろ心の目が開く時期に差し掛かった今は、自分の心にも、社会にも、どんな世界にもよどみはあるけれど、善意が手を取り合えば、それは小さくなると信じています。

最後にヘレン・ケラーの言葉を添えて私の弁論を終わりたいと思います。

「自分の欠点を直視し認めましょう。しかし欠点に振り回されてはいけません。忍耐と優しさと人を見抜く力を欠点から学びましょう」

【本人コメント】

私の弁論が本書に掲載され光栄です。現在は治療院に就職し、暖かい交流に触れ、「善意が手を取り合えばよどみは小さくなる」と、改めて実感しつつ第二の人生を歩んでいます。

【指導者より】

宇部千寿子さんは小さい頃から視力が弱く、学校や家庭でつらい思いをしながら成長しました。社会人になった後もさまざまな場面で悩み苦労したようです。三〇代の時にある歩行訓練士の方と出会い、「あなたは心の目でものを見るようになる」という言葉をいただいてから、人生が変わりましたと話してくれました。自分の経験を仲間や社会に伝え、障がい者の理解と啓発につなげたいという思いがはっきりしていました。一方で、声が通らないということを思い悩み、全国弁論大会に向けてどうやれば声を響きわたらせることができるか考え、聴衆を惹きつけるために声色や抑揚など工夫して、学校や寄宿舎で練習を繰り返していました。

ギミレ・チティズ

第四三話

「視覚障がい者だから」

二〇一八年第八七回大会優勝弁論

大阪府立大阪南視覚支援学校高等部専攻科柔道整復科一年(22)　阿部　亮介

「視覚障がい者やねんから多少融通きかせてくれや!」

この言葉を耳にした時、僕は怒りとも悲しみとも言えない複雑な感情を覚え、それと同時にどうしようもなく心を痛めました。

どうしてこのような言葉が出てしまったのか。なぜそのような言葉を口に言わせるまでに至ったのか。ことの顚末(てんまつ)はこうでした。

それは数年前のフロアバレーボールの、社会人の大会でのこと。組合せ抽選を済ませ、各々のチームが試合に備え準備をし、公式練習もそこそこに、間もなく試合が始まろうとしている。そんなときでした。

四〇代ぐらいでしょうか。おそらく全盲だと思われる男性がひとり、ベンチに座って靴を履き替え、履き心地が悪かったのか何度も靴紐を結び直し、手こずっていました。

しかし試合予定時刻も差し迫り、主審の笛もかかり各選手たちが整列し始めようとしていました。そのとき「おいおい、ちょっと待ってくれや、まだ準備しとるやないか」。一瞬、その場がシンと、静まりかえるのがわかりました。これから試合が始まるっていうのに何水差してくれてんねん、と僕は思いながらもそれを見ていると、主審の注意が何度か入り何やら言い争いをしているようでした。するといきなり……。

「視覚障がい者のためのスポーツとちゃうんかい！　視覚障がい者やねんからそうゆうとこ多少融通きかせてくれや！！」

僕は言葉を失いました。開いた口が塞がらないとは正にこのことでした。結局その場は彼が終わるのを待ち、冷え冷えの空気の中遅れて試合は始まり、僕たちのチームの勝利で幕を閉じました。さて、なぜ彼はそんな言葉を口にしたのでしょうか。イライラしていたから？　単に怒りっぽい性格だったから？　それらもあるかもしれません。しかし僕は、ひとえにそれは彼の甘えだと考えます。視覚障がい者だということに対する甘え。目が悪ければ見えないことを理由に融通がきく、待ってもらえるだろうという安易な思い込み。

現に、今回の件で言えば明らかに彼の準備不足が原因でした。時間がかかるのであれば早めに準備していれば済む話でした。しかし彼はしていませんでした。まさに甘え。待ってもらえるだろうという思い込みです。そういったささいなことでも視覚障がい者だから、目が悪いからと、それを振りかざしてしまうところに、僕は事の重大さを感じざるを得ません。

視覚障がい者だから。その言葉を口にするのはあまりに簡単で、それ故に人にしてもらうことに対して当たり前だと、思い込んでしまいます。その言葉の効力は人の善意の上に成り立っていると気付けないままに。

視覚障がい者だから。その言葉はときに自らを守る盾とも、相手を傷つけてしまう剣ともなりうる危険性をはらんでいると僕は考えます。それはとても怖いことではないでしょうか。

「視覚障がい者だから」確かにそうかもしれません。目が見えないことで上手くいかない時や、どうにもならないことは確かにたくさんあります。

そういった時にその言葉を使いたくなる気持ちは痛いほどよくわかります。目が悪くなければこんなこと出来たのに、以前見えていた時なら何も苦労しなかったのに。見えていれば出来たのに。悔しいけれどいつだって、そんな言葉が頭の中によぎってしまうのです。

だからこそ、この言葉を使いたくなる気持ちはよくわかる。わかってしまいます。しかし、それを言ってしまってはおしまいではないでしょうか。

簡単なことでも、頑張れば出来るようなことでも、その言葉に逃げてしまうからです。

僕はこの一件で改めて視覚障がい者である自分、というものを見つめ直すいいきっかけとなりました。それは彼のように例の言葉を言ってしまうかもしれないという危うさや弱さそして甘え、というものをどこかで自覚していたからかもしれません。

僕は網膜色素変性症という難病によって暗いところは何も見えず視野も日に日に狭くなり、視力も落ちる一方で人に頼らざるを得ない時や何かと助けてもらうことが、恥ずかしながらもよくあります。そういった時に、やはりそれを言い訳にしていろいろな言葉が頭の中によぎってしまうのです。なので、だからこそ今回の件のようにはなりたくないし、ならないように、このことを反面教師とし、周りの人の親切を、優しさを当たり前だと思い込まずに、謙虚な心を忘れず感謝して生きていきたいと思います。

なぜなら僕は視覚障がい者だから。

【本人コメント】

弁論を通じて自分の感情を外に発信することで、自分が視覚障がい者であることを受け入れられるようになりました。この経験を糧にこれからも人として成長していきます。

【指導者より】

今回の阿部君の「視覚障がい者だから」という弁論演題の内容は、フロアーバレーボールの試合での出来事を反面教師とするものでした。視覚障がい者だけでなく、すべての人に通ずる自分の甘さを見直すという点で非常に説得力がありました。全国大会を間近に控える中、放課後の暗い体育館での練習や職員会議前での弁論披露等弁論テクニック云々よりも、とにかく場数を踏み、私は練習に付き合うマネジャー的な役割に徹しました。全国優勝までの道のりは私にとって大事な人生の財産となりました。「阿部君、優勝おめでとう。今までの苦労が実ったね」そして「思い出と感動をありがとう」

五代　哲朗

第四四話

「人と接する勇気」

二〇一九年第八八回大会第三位弁論

兵庫県立視覚特別支援学校高等部専攻科理療科一年(35)　中村　丹美

皆さん、こんにちは。

実は今、目の前にいる皆さんの顔や名前を全員は知りません。

ですが、私は勇気を出して皆さんにあいさつをしました。

普段何気なく行うあいさつは、家族・友達・周りのいろんな人とつながることのできる言葉です。

中には「恥ずかしくて、あいさつが苦手」なんて人もいると思います。

それは何か障害があるから?

そんなことはありません。

私は、五年前に目の障害があると診断されました。

それまで、私は介護福祉士として、またレクリエーションインストラクターとして、お年寄りやさまざまな障害を持った方々と接してきました。

あいさつはもちろん、

「今日も元気?」

という簡単な声かけを行うことで人との関わりを深めてきた私は、初対面の人にも必ずあいさつをする。声をかける。それを今日まで身につけてきました。

ですが、普段、障害を持った方々と接する機会のない健常者の方はどうでしょう?

私たち視覚障害者が白杖を持っている姿は見てわかります。わかっているのですが、「大丈夫ですか?　お困りですか?」と、いう一言が言えないのです。

それはなぜか?

障害を持った人が何に困っていて、どう声をかけたらいいのかわからない、それももちろんあります。

ですが何より、知らない人に「何か手伝いましょうか?」という一言が言えないのです。

小さな一言でも、大きな勇気が必要なのです。

健常者は健康だから何でもできる。

障害者は障害があるから人に何かしてもらえて当たり前。

それは間違った考えではないでしょうか?

健常者でも困っている人に出会って、何をしてあげたらいいのか悩み、声をかけるタイミングを逃して「あー、あの人絶対困ってるよな」なんて、内心後悔している人はたくさんいます。

そして、障害者に限らず、人から声をかけてもらった時や手助けを受けた時、私たちはその相手に「ありがとうございます」と、素直に言うことができていますか?

声をかけた人は「おせっかいかな?」と、内心ヒヤヒヤしているかもしれません。ですが、声をかけた相手から「ありがとう」と言われることで「まただれか困っていたら声をかけてみよう」と勇気が湧きます。そして声をかけられた私たちも、自分は一人ではなく、人と人がつながっているのだと感じることができるのではないでしょうか?

みんながみんなそんな気持ちを持っているわけではないことは私自身、声をかけた相手から「余計なお世話やかんといて」と拒絶された経験があるので、下手に声をかけてへこむのは嫌だなあって思ったこともあります。

ですが「人に接する勇気」は普段の何気ないあいさつや感謝の気持ちから生まれます。その勇気を障害者、健常者ともに持つことが心のバリアフリーにつながると思います。

誰とでも仲良くなりたい。気軽に話がしたい。一緒に笑い合いたい。その第一歩を踏み出すことはとても難しいことです。

顔も名前も知らない相手に接するなんて簡単なことではありません。

ですが、今、皆さんの周りにいてくれる友達や家族とはもうその第一歩を踏めているのです。

健常者の立場で生きてきた私は健常者の気持ちを代弁して、障害者になった私はこの言葉を皆さんに伝えたいです。

「人と接することに障害は関係ない！　人と接する勇気は皆さんの心の中にあります！」

【本人コメント】

応援し支えてくださった方々へ感謝を申し上げます。人と接することは誰でもできるような簡単なものではありませんが、第一歩を踏み出す勇気が心のバリアフリーへと変わると信じています。

【指導者より】

中村さんの弁論は彼女の人生がにじみ出た大人の内容でした。「障がい者のことを理解してほしい」とはよく言われますが、「健常者のことも理解しようよ」と語りかける弁論は少ないのではないでしょうか。練習を重ねるたびにその奥深さが心に染み入ってきました。彼女の弁論はとても力強く、近畿大会の時最後に、聴衆から、「そうだ！」と声がかかったのも忘れられない思い出です。実は中村さんは全国大会の前に体調を崩され、直前まで声がほとんど出ない状態でした。しかしなんとか回復され、立派に弁論をされました。また前夜祭の時から他の弁士さんに積極的に話しかけられていて、この弁論の内容は本当に彼女の人生そのものなのだと感じました。

寺島　愉美

第四章

命と向き合う

第四五話

「転機」

二〇〇八年第七七回大会準優勝弁論

東京都立八王子盲学校高等部専攻科理療科二年（36）　北村　浩太郎

大好きなバイクに囲まれて、本当に幸せな時間でした。

当時、私はカワサキのZと言うバイクの専門店で、チーフメカニックとして働いていました。私は、このバイクの整備に関しては、誰にも負けない自信がありました。

オレがさわればどんな状態でもカンペキに整備出来る！　と自分に酔いしれ、自惚（うぬぼ）れていました。

そんなある日、先輩や友人達と、酒を飲む機会がありました。自分の自惚れにどっぷりと浸（つ）かっていた私は、先輩にタメ口を聞き、後輩には抑圧的に会話をしていました。

そんな時、突然、後輩の一人が言ったのです。

「お前、何様なんだ！　年上の人を呼び捨てにしてんじゃねぇ！　ちょっと仕事出来るようになったからって、のぼせ上がってんじゃねぇよ！　お前、バカか！」

その後輩は、涙を流していました。

私の自惚れた天狗（てんぐ）の鼻は、根元からへし折られたのです。

私の心は、とてつもなく乱れました。

しかし、その時はどうすればいいか分かりませんでした。

悩み続けて、三カ月ほどたったころ、あの事故が起きてしまったのです。


真っ暗の中、聞き覚えのある声に目覚めました。それは、まぎれもなく兄貴の声でした。訳が分からなかった。ここは東京なのに、なぜ田舎の熊本にいる兄貴の声がするのか。

私は、バイクで事故を起こし、病院の集中治療室にいたのです。

麻酔を打たれているせいか、記憶はとぎれとぎれでしたが、体が動かない、節々が痛い、しゃべりたくてもしゃべれない。

私は、骨盤を四カ所骨折し、その衝撃により動脈が裂け、出血多量のショック状態で運ばれていたそうです。顔面は甚だしく砕けていました。アゴも折れていました。眼球は衝撃により破裂し、先生は両目とも摘出した方がいいと言ったのですが、おふくろと兄貴が止めてくれたのでした。そこで先生は、両目合わせて六〇針以上も縫い合わせ残してくれたそうです。

そんな寝たきりのある日、先生が来て告げたのでした。

「あなたの目は、見えなくなりました」と。

果てしなく暗い奈落の底に落ちていく感覚を、今でも鮮明に覚えています。

人生の終わりだと思いました。

死のうと考えました。

しかし、動かない体で死ねるわけもないのです。

今から思えば、命を救ってくれたその場所で死のうなんて、これほどバカげてる事もないのに、当時は本気でした。

私のいた病室は、重症病棟でした。緊迫した事態が日常茶飯事のように起こり、医者や看護師たちが慌しく動き回っていました。

同室に、意識が無いであろうおじさんがいました。

その人の所に、毎日毎日同じ時間に娘さんらしい女性がきて、「パパ、パパ」と、呼びかけるのです。

「ねぇ、パパ起きて」

医者から声をかけるようにいわれているのかもしれないけれど、とにかくずっと、ずっと「パパ、パパ」と、時に涙を含ませ呼びかけていました。しかし、おじさんは返事を返す事はありませんでした。耳だけの世界の中で、気づけば私も「おじさん、起きてあげなよ。起きろよ。起きろ」と願っているのです。

私は、はっとしました。

死ぬことを考えていた私が、たまたま同室に居合わせたおじさんに、元気になってくれ！　死ぬんじゃない！　と願っているのです。

少しずつ生きる希望が目覚めてきました。

目は見えなくなってしまったけれど、先生は他の所は、必ず治ると言ってくれました。私の命は助かったのです。

それから、私はリハビリに励みました。

そして、視覚障害者生活支援センターで日常生活の訓練を受け、いま八王子盲学校で勉強しています。

いまの私は、自惚れの固まりだったころと違い、人が支えあって、初めて生きていけることを知りました。私にとって、あの事故は視力を失うという、肉体的な最大かつ最悪の転機でした。しかし、同時に精神的な最大かつ最善の転機だったのかもしれない。

弱い私には、まだ本当にそうだと断言出来る自信と誇りがありません。しかし、いま学んでいる理療という技術を駆使し、多くの人と支えあいながら生きているということを実感する事が出来たとき、本当にあの転機が私の心の成長にとって最良の物だったと言える気がするのです。
それを夢に、一日一日を大切に生きていきたいと思います。

【本人コメント】

担任の安田先生から原稿作成について御教授を賜り、大会当日は現地のガイドもしてくださったこと、今も感謝しております。在学中に学んだ技術を生かし、現在は鍼灸師として頑張っています。

【指導者より】

北村さんは、何事に対しても前向きで積極的な人です。全国弁論大会前日の体育祭では、応援団長として全力で仲間を鼓舞し、いざ本番当日は、体調の悪さと聞くに堪えない声に悩まされました。校内予選の参加を促した時は、他の多くの生徒が口を揃えて「えー、遠慮します」という中、二つ返事でＯＫしました。内容を二人で作り上げるにあたり、彼が腕利きのバイク整備士だったことに驚かされ、そんな職人が交通事故で一瞬にして光を失った時の想像を絶する失意を私自身に重ねた時、改めて彼の破天荒ともいえる明るさがひたすら眩しく感じられました。そんな彼だからこそ、人が人を癒す理療の道で、新たな花を咲かせることができたと思います。

安田　英俊

第四六話

「私の心の変化」

二〇一〇年第七九回大会優秀賞弁論

長野県長野盲学校高等部普通科二年(17)
池田　琴奈

私は幼いころから目の病気を抱えていたため、これまで目を治すために幾度となく入退院、手術を繰り返してきました。松本市にある信州大学付属病院は、私が長年お世話になったところです。この病院で私は、とても大事なことに気づかされ、また自分の生き方について見つめ直した場所でもあります。

それは、私がこの病院に入院していた時、出会った子どもたちによって学んだことです。私の入院していた病棟は、眼科と脳外科の患者さんが一緒の病棟でした。そして私は、何人かの脳外科の子供たちと一緒の病室に過ごすことになりました。みんな頭にバンダナを巻いていて、元気よく廊下を走っている子もいれば、遊んだりしている子もいました。私はそのころ、まだ四歳か五歳という小さいころであったため、「何でこんなに元気がいいのに入院しているんだろう」と、ただ漠然とした考えしか持つことができませんでした。下を向いていなくてはいけなかったり、テレビを見てはいけないなど、私の治療方法にはいろいろな制限がありましたが、そんなある日、何人もの脳外科の子どもたちが私のベッドの足元に来てトランプ遊びを始めました。私はその時、なんでこんなところでやるんだろうと、その子たちに対してうっとうしいとさえ思ってしまいました。

その後、私は小学校六年生までの間、何度かこの病院で入退院を繰り返しましたが、次第に病院生活にもなれ、徐々に成長してくることができました。そんなあるとき、看護師さんから、以前入院していた子どもたちは、実はみんな命にかかわるような重い病気を抱えていたということを知らされました。私は正直、びっくりするとともに、みんな表面には悲しそうな顔ひとつしなかったけれど、自分の病気をしっかり受け止めて頑張っていて、偉いなと思いました。

また、ある再入院したとき、私は、以前出会った女の子のお母さんと再会しました。明け方の四時ごろ、その子のお母さんは泣き叫びながら、私たちのところへやって来て「死んじゃった。早く来て！」と言ったのです。私と母はびっくりしながら、あわててその子の病室に駆けつけました。その子は亡くなったばかりでした。一年前に会ったときは元気よく退院していったから、病気は治ったのだと思っていたのに。ベッドに横たわったその子の手を取ると、まだ温かいぬくもりが伝わってきました。私はそのとき初めて、人の死というものに立ち会ったのです。そして、改めて病気の怖さと命の尊さを実感しました。その子の死を境に、私の病気に対する考え方は少しずつではありますが、変化してきました。私よりもずっと重い病気を抱えている人がたくさんいるんだ。私も自分の病気をしっかり受け止めて頑張らなきゃ。そう考えられるようになりました。

今、あの大事な体験を思い返してみると、みんな私以上につらい治療に耐え、残された時間を精いっぱい生きていたんだな、と思います。私があの入院で出会ったほとんどの子どもたちは、もう二度と出会うことのできない、遠い空へと旅立ってしまいました。あんなに一生懸命頑張ってきた分、天国では笑顔で幸せいっぱいになっていたらいいな、と思っています。

現在、私は、ほとんど目でものを見ることができないため、これから私が生きていく長い人生の中で、つらいことや困難なこと、くじけそうになることなど、さまざまな試練が待ち受けていると思います。でも、私は、あの子どもたちとの出会いによって気づかされた勇気と明るさを胸に、あの子どもたちの分まで、これからも前向きに精いっぱい生きていこうと思います。

【本人コメント】

あれから一〇年、当時「病」に向き合いながらも生きることができなかった人たちがいたことを胸に、現在は自分の障害を受け入れ、できる事は取り組み、夢を追い続けたいなと思っております。

【指導者より】

池田さんの「私の心の変化」は、弁論の主旨である自らの心の変化について、すでに下書きの段階からほぼ完成に近い形で書き上げられていたという印象があります。小さい頃から壮絶な体験をしてきている池田さんの心の成長に驚嘆させられると同時に、これは多くの人たちにぜひ伝えたい、と私自身も強く感じました。内容をより的確に伝えるための言葉や表現の工夫、話す声の大きさなどについて一緒に考え、作文が完成してからは、体育館のステージを使ってひたすら発表練習に取り組みました。繰り返し練習を積み重ねるごとに話し方の上達とともに、伝えたい気持ちも高まっていきました。そして迎えた全国大会当日、一つ一つの言葉にしっかりと心を込めて語る池田さんの姿に深く感動させられました。

小平　直司

第四七話

「世界にひとつの宝物」

二〇一一年第八〇回大会優勝弁論

和歌山県立和歌山盲学校高等部普通科三年(18)
中　麻

「見えてたらいいのになぁ」

私が小さい頃、思っていたことです。でも、私の大切な宝物がなければ、こう思うことさえもできていなかったのです。

私は、三歳までにすべての視力を失いました。私の中には、何かを見たという記憶はありません。病名は、網膜芽細胞腫。がんの一種なので、もし転移していれば、いま、ここに私はいなかったかもしれません。適切な治療のおかげで、視力を無くしたものの、元気にここまで来れたのだと思っています。いま、こうして生きていられることがとても幸せです。しかし、そう思えるようになったのは、高校生になってからで、それまでは自分の障害を受け入れられずにいました。

小学生の頃、私は「色が見たい」と母親に詰め寄り、友だちの前では見えているふりをしたりしていました。「空は青くてきれいやなぁ」とか、「赤い服、かわいいなぁ」とか言われると、「それってどんな色？」「かわいいってどんな感じ？」という疑問ばかりが浮かんでくるのでした。また、公園などで子供が親から離れて走り回っているのを見ると悔しくてなりませんでした。「見えてたら、私も一人で走り回れたんやろなぁ」。時には、一人で走り回っていて、柱や段差に気付かず、ぶつかったり、ころんだりしました。「ちゃんと確かめへんから」と、周りの人に言われることが大っ嫌いでした。

そんな私の気持ちが変化し始めたのは、中学生になった頃。ふと一人の友達を思い出し、母に尋ねたことがきっかけでした。その友達は、幼い頃、共に病気と闘った大切な仲間です。彼女は、私が小学生になるくらいだったでしょうか、亡くなりました。当時、母からは「お星さまになって、お空へいっちゃったんやって」と聞かされたことをしっかり覚えています。中学生になった私は、どうして彼女が亡くなったのか詳しく知りたくなり、母に聞きました。

母は、少し大きくなった私に、どうしても病気が快復せずに亡くなってしまったのだということを教えてくれました。そして私に言いました。「目見えてなくても、あんたは元気に生きてるやろ。彼女の分も、その元気な体でしっかり生きるんやで」

私は、その時思いました。「生きてる私は、やりたいこと何でもできるけど、彼女は大きくなってしたかったこともできへんかったんやなぁ。見えなくても、いま生きていられる私は、この命に感謝せんとあかん。しっかり生きやなあかん」。私は、それから自分の障害を隠すことをやめました。一般の人たちが視力を使ってしていることは、自分なりに工夫するようになりました。「見えへんから無理」と自分から挑戦をあきらめることも少なくなり、活発で負けず嫌いな性格の人間に育ちました。見えないからという理由で挑戦を断られるのは、いまでも大嫌いです。しかし、そう言われた時でも、「見えてなくてもできるよ」って積極的にアピールできるようになりました。こんな私になったのも、たくさんの経験をさせてくれたり、やりたいことを納得がいくまでさせてくれる友達や先生たちがいるから、お星さまになって私を支えてくれる友達がいるからです。勉強や部活動をしたり、遊んだり、普通の女の子として生きていられることが本当に幸せです。だって、生きていなければできなかったのですから。

みなさんは、宝物ってありますか？「これが私の宝物だよ」っていえるような大切な宝物はありますか？　私の宝物は、命です。世界に一つだけの私自身の命です。一度なくしてしまうと、もう二度と取り返せない、何よりも大切な宝物です。

目が見えなくても、こんなすてきな宝物があるのですから、私は、それを大切に、そしていきいきと輝かせたいです。

「悔いのない人生を笑顔いっぱい、明るく、強く生きる」

【本人コメント】

当時は障害がある自分とまっすぐに向き合うチャンスと考え、発表しました。現在は健常者に囲まれて働くことを選択し、夢を胸に、宝物である命を大切に新たな道を切り開いていきたいです。

【指導者より】

中学部の時から校内予選を経て、近畿大会に四度出場しました。近畿大会に出場することで、近畿各地区の代表選手の弁論を聞き幅広い識見をもつことができたようです。原稿については、本人の気持ちを中心に作成しました。とにかく負けず嫌いの彼女は自分の納得がいくまで、読みの練習を行いました。限られた時間の中でどのように時間配分を行うかということに特に熱心でした。とにかく明るく前向きな人です。弁論にも書かれていましたが、自分は視覚に障害があるだけで晴眼者とは何も変わらない。だから、視覚の部分をカバーすれば他の人たちと同じことができるはずという信念で、今も頑張り続けているのだと思います。

大川　ひろみ

第四八話
「Dear」

二〇一一年第八〇回大会優秀賞弁論

青森県立盲学校中学部二年(14)　後藤　恵里子

こんにちは。お久しぶりです。長らく、あなたとは会っていません。これからも会えないと思います。今、あなたは、そちらでなにをしているのでしょう。もしかしたら、マッサージの仕事を続けていらっしゃるかもしれませんね。

残念ながら私は、あなたが、どんな人だったのか覚えていません。人間の記憶は、三歳ごろから始まるそうですが、あなたに最後に会ったのは、なにしろ一〇年も前のことでしたから。でも、私の脳裏には、ぼんやりと三枚の写真が浮かんできます。自宅で倒れたあなた、窓から見えた救急車、そしてあなたのそばに座っている幼い私。それは、私のかすかな記憶となって、時折よみがえるのです。

昔から私は、よくいろんな人、大抵は自分より小さい子どもから好奇の目を向けられていました。

全部私の耳に届いているのに、私についてしゃべっている人がたくさんいました。そんなに私が持った病気は珍しいのかと不思議に思いながら、しゃべりまくる人もよく飽きないなと日々感心していました。それは毎年、春夏秋冬、特に学年が替わる春は毎日のように人間の行動と時間との戦いでした。そのため私は、他の教室や廊下に必要最低限出なくなり、教室の中で閉じこもるようになってしまいました。少しでも教室の中で存在感を消そうと、いろいろと試していました。笑いそうになるのをこらえるために舌を噛（か）んで口を開けることを不能にしたり、それでも笑ってしまう時は、なるべく声を出さないようにしたりと、本当にいろいろしてきました。

でも、し過ぎると自分の首を絞めることになるとは思ってもみなかったのです。いつの間にか私は、本当に教室の中で存在感がなくなっていきました。学校というのは、何かと好きな者同士でグループを作ろうとします。しかし、必ず仲間外れが出てくるものです。私はその仲間外れ的存在になりつつあったのです。完全に仲間外れになったのは、短期間でした。短期間で済んだのは、私の近くにいてくれる人ができたからです。自由席給食では、ほとんどその人と机をつけて食べました。私は、その人に救われました。話題は合わないけれど、隣にいてくれるだけで安心感が生まれるのです。いまでも、その人とは連絡を取っています。本当に感謝感謝です。

いまは、青森県立盲学校で勉強しています。ここでは、初めてのことをたくさん経験しています。同時に人と触れ合うこと、おしゃべりすることが楽しいと感じるようになりました。自分を隠す必要もなくなり、心が明るくなりました。

私は、あなたからいろいろなものをいただきました。マルファン症候群は五〇%の確率があたり、遺伝しました。

私は、いつも思います。もし、あなたがまだ私の近くにいてくれたなら、たくさんの質問を投げかけていたでしょう。私はマルファンの疾患者として軽いのか重いのか、障害の中では生活にどれほどの制限があるのか、現代は医学が飛躍的に進歩していますが、この病は果たして治せるのか。同じ障害を持った者として話を聞いてみたかったです。しかし、あなたは私の前から去ってしまいました。

いま、私には実現させたいことが二つあります。一つは、日本には一万三〇〇〇~二万五〇〇〇人程度のマルファンを有する人がいるそうですが、一人でもいいです。会ってこの病をどう考えているか聞いてみたいのです。もう一つは、昔、私たちが住んでいた柏崎のアパートに行き、幼い私がほほ笑んでいたアーバンホールの入り口にある椅子にもう一度座って、周りの景色を眺めたり思いにふけってみたいです。記憶がないので、こんな所だったのかと再確認したいのです。この望みは絶対、かなえます。

望みがかなったら、また手紙を書きますね。それまでお父さん、私たちを空から見守っていてください。

【本人コメント】

弁論では、他の患者と話をしたいと当時書きましたが、学生、社会人として生活を続けるうちに、自らの体の留意する点がわかってきました。自分の限界は自分にしか分からないのだと思います。

【指導者より】

後藤さんは、全国盲学校弁論大会に二〇一一年と二〇一六年の二回出場しました。指導者として私も二回参加させていただきました。「Dear」は、初めて出場した時の作品です。大会に向けて放課後毎日発声の仕方や表現に磨きをかけるために練習したことを懐かしく思い出します。本番当日、語りかけるような表現と唯一無二の独特な世界観で聴衆をぐっと引き込みました。あの緊張感と会場の一体感は忘れられません。盲学校時代の後藤さんは、様々なことに挑戦しながら前向きに学校生活を送り、生徒会長としても全体を引っ張ってくれる頼もしい存在でした。現在は、あん摩マッサージ指圧師として、病院勤務をし、患者さんの心に寄り添う治療をしています。

柿﨑　修子

第四九話
「今、ここにいること」
二〇一二年第八一回大会優秀賞弁論

福岡県立福岡高等視覚特別支援学校高等部普通科二年(17)　古賀　結城

「生きる力」。そんな言葉を数年前から耳にするようになりました。初めは、それほど気にしていませんでしたが、最近になって、ようやくその言葉の持つ意味を考えるようになりました。まだ、たったの一六年しか生きていませんが、私にとって大きな出来事が三度も訪れたのです。

最初の大きな出来事は、やはり視覚障害者になったことです。中学二年生の二月、修学旅行を一週間後に控えた日、目のはじがぼやけて見えたので軽い気持ちで眼科を受診すると、「入院です」と言われました。

「マジで？　修学旅行、行けんくなるやん」　大学病院で三度の手術を受け、何とか成功したものの、それは私にとって喜べるものではありませんでした。視野が九割以上も狭まっていて……。ショックでした。

次の手術までは自宅療養。憂うつな毎日でした。そして、最後の手術を終え、「やった。明日、退院できる」と喜んでいた矢先のことでした。二度目の大きな出来事。まさかの母の訃報。退院の喜びは瞬く間に消え去りました。

退院して家に帰っても父との二人暮らし。視覚障害者となった私を優しく受け入れて欲しかったのに……。入院中に学年が変わり、三年生になっていた私は、知らないクラスのみんなに会うことの怖さと、視覚障害者になった自分をみんながどのように見るのかという不安で、学校に行くこともできませんでした。

季節は巡り、十月のある日。なかなか学校に行けずにいる私に担任の先生が一枚のＣＤを持ってきてくれました。ＣＤには合唱コンクールの課題曲が入っていました。「結城、クラスのみんながお前の帰りば待っとる。みんな、一緒に歌いたいち言いよっとぞ」。先生の言葉に私は学校に戻る決心をしました。

久しぶりの学校。不安な気持ちで教室に入ると、「古賀ちゃん、お帰り。みんな待っとったっちゃけんねぇ」。一瞬で不安は吹き飛びました。「目の不自由な人」としてではなく、みんなは入院前の、修学旅行一週間前と同じ私を迎えてくれました。合唱コンクールまであと半月。私もクラスのみんなと一生懸命練習しました。結果は四位。入賞はできなかったけど、私はみんなと一緒に頑張れた。それだけで十分でした。

それからは、学校を休むこともありませんでした。「おはよう」「また明日ね」。そんな何気ないやりとりが、とてもうれしかったのです。

こんなこともありました。班の中で回していた班ノート。私が「いつも迷惑ばかりかけてごめん」と書くと、次の日、「全然迷惑じゃないよ」と書かれた紙が、机の上に置いてありました。うれしくて涙が出ました。みんなが自然と優しくしてくれる。その優しさに何とか応えたくて、私はみんなのために「自分にできること」を一生懸命考えました。

「そうだ、この教室をピカピカにしよう」。私は雑巾がボロボロになるくらい毎日毎日、教室の床を磨きました。気がつくと、クラスのみんなが一生懸命掃除をするようになっていました。私は、幸せな気持ちでいっぱいになりました。「こんなことなら、もっと早く学校に戻ればよかった」。そんな気持ちを胸に、私は中学校を卒業しました。

そして、高校生となり、福岡高等視覚特別支援学校へ通うようになりました。慣れない寄宿舎生活。学校にもなじめず、体重が一気に一〇キロも減りました。それでも日々の生活の中に楽しみを見いだせるようになり、「この学校で頑張っていこう」、そう思い始めた頃、三度目の大きな出来事がやってきました。夏休み最後の日にかかってきた電話。父の危篤を知らせるものでした。急いで病院へ行きましたが、間に合いませんでした。ついこの間まで元気だった父が、いつの間にか死んでいました。訳がわかりませんでした。父との思い出と同時に母との思い出までもが一度に奪い去られたような、突然一人ぼっちになったような、そんな孤独感が私を襲いました。

それからは祖母の家で暮らすことになりましたが、何に対してもやる気が出ず、授業の欠席も増えました。日曜日、寄宿舎に戻る途中で家に引き返したこともありました。何もかもが嫌になり、祖母や学校の先生に八つ当たりばかりしていたかもしれません。それでも週末、家に帰ると、私の大好きなカレーを作って待っていてくれる祖母。どれだけふて腐れた態度をとっても、優しく声をかけてくれる先生。思えば、何度と無く生きる気力を失いかけていた私に「生きる力」を与えてくれた人達。その支えがあったから、今、私はここにいるのです。

父の死から一年。その間、生徒会活動や学校行事など、たくさんの活躍の場を与えてもらい、少しですが、自信もついてきました。後輩もでき、責任感も芽生えてきました。

私は今、大学へ進学するために、一生懸命勉強しています。私が頑張っている姿を見せることが、これまでお世話になった方達への恩返しになると思うからです。そして、いつか私も教師になりたいと考えています。みんなに生きる力を与えられる、そんな先生に。

【本人コメント】

高校卒業後、大学へ進学し、現在、教育に関わる仕事への就職が決まりました。今回の掲載で高校生当時の熱意が思い出され、過去の自分に誇れる自分でいようと思えました。

【指導者より】

当時のことを思い出そうと資料を探していると、原稿とともに下書きシートが出てきました。そこには、今頑張っていること「生きていくこと」と書かれていました。まだ十六歳だった彼が、辛い経験を乗り越えて一生懸命生きていたのだと、今更ながら胸が熱くなりました。下書きシートの隅っこには、「人っていろんなところでつながっているんだね」というメモ書きもありました。色々な人たちとの関わりがあって、「今ここにいる」ということをしっかり感じていたのでしょうね。練習で思い出すのは、放課後の体育館で発声練習をしたことです。細い声質の彼が、マイク無しで遠くに声を届けるのは、原稿を仕上げる以上に大変な事だったかもしれません（笑）。

高橋　恵

第五〇話

「頭・中（かしら・なか）」

二〇一三年第八二回大会準優勝弁論

岩手県立盛岡視覚支援学校高等部専攻科理療科二年(42)

千田　光

「これは僕の手にはおえないね」

思いも寄らない医師の言葉に、頭が真っ白になりました。

二〇一〇年春、仕事を終え、深夜帰宅すると、突然、目の下から津波のように暗闇がドワッと押し寄せ、「なんだ、これは?」と訳も分からず、不安のまま一晩過ごしました。

翌朝、病院へ行くと、目の中には出血が、「糖尿病性網膜症」の診断でした。それまで当たり前だった車の運転も仕事も、日常の生活全てが、私の元から離れていったのです。これからどうすればいいのだろうと途方に暮れていたある秋の日、知人から盛岡視覚支援学校を紹介されました。学校説明会では私よりも年配の方や全盲の方が一生懸命に理療師を目指して頑張っている姿に、「いつまでも下を向いている場合ではない」と一念発起し、お世話になろうと決意したのです。

私は岩手県は南部の大船渡から毎週、盛岡の学校へ通っています。約二〇年ぶりとなった学校生活では、クラブで琴を演奏したり、生徒会長を務めたりと積極的に学校生活を満喫しています。昔の自分だったら考えられなかったことです。人前に立つとあがってしまい、言いたいことの十分の一も言えない人見知りの小心者でした。

そんな私の「性格」を鍛え、人前で物怖じせずに話せるようになったのは、一〇年以上お世話になった消防団活動のおかげだと思います。入団した当初は気楽に構えていたのですが、一〇キロ以上もするホースを何本もつないだり、ポンプを操作するために何百メートルも走ったりと体力面の厳しさに加え、訓練や演習のたびに、大きな声で「気を付け」「頭、中」と号令をかけ、敬礼をする、あいさつに始まり、あいさつに終わる規律の厳しさにも戸惑い、「これはとんでもない所に入ってしまったもんだ」と後悔もしましたが、時すでに遅し。できないながらも必死に食らい付いて頑張りました。そして三年後には私を変えてくれたラッパ隊へ入隊することになります。

入隊した当初は人見知りも手伝い、自分から話しかけることもできませんでしたが、強烈なキャラクターやバラエティーに富んだいい人たちに囲まれて、少しずつ話をしていくうちに、だんだんと自分の気持ちや意見を出せるようになり、仲間として認められた私は、ラッパもすぐに上達をし、気がつけば九年もの間、隊員として活躍することになります。よりよい演奏のため、仲間と切磋琢磨をし、県の消防団主催の表彰式や演習大会など、貴重な経験にも恵まれました。

たくさんの人々と触れ合えたこの一〇年もの月日は、人見知りの自分でも心を開いて話をすれば相手も必ず心を開いて話してくれること、自分から飛び込んでやってみれば必ずいいことが返ってくること、最初は小さなことでも小さな「気付き」が大きな「変化」になり、自分達を変えてくれる「機会」に変わることを教えてくれたのです。

目の病気と学校へ行くために、消防団を辞めることになった私を待ち受けていたのが、あの東日本大震災でした。あの日がくしくも消防団活動最後の日となってしまったのです。もちろん自宅も被災をしましたが、長年培った消防団魂が私を突き動かし、暗く、つらく、寒い夜を地域の皆さんとともに過ごしました。あの日のことは今でも忘れられません。

現在、私は糖尿病性網膜症に加え、腎臓病も患い、毎日の透析治療で大変な思いはこれからも続いていきますが、火事の現場、そしてあの震災のことを思い出すたびに、今、こうして生きていることの大切さを改めて痛感いたします。当たり前のように生きることが実は当たり前ではないことを皆さん、忘れてはならないのです。一度きりの人生をありがたく思い、先人たちの分まで精いっぱい、一生懸命生きなければなりません。私はこれからは理療師として、たくさんの人のためにお役に立ちたいとの一心でいばらの道を歩んでいこうと思います。

最後に今までお世話になりました親、兄姉、大船渡市消防団、そして盛岡視覚支援学校のたくさんの皆さんへ感謝の気持ちをこめて、「頭、中!」。

【本人コメント】

弁論大会翌日の運動会で準優勝を全校のみなさんと母に報告しました。たくさんの方々から祝福のことばや花束をいただきました。自分の夢の実現に向かって最後まで全力で生き抜きました。（母談）

【指導者より】

千田光さんは大船渡市消防団での経験、障がいと向き合い悩んだ日々、現在に至るまでの道のりで考えたことや伝えたいことがたくさんあり、内容を精選することが難しかったようです。校内弁論大会では大幅に時間が超過したので、東北大会にむけて規定時間内に収めることが求められ大変苦労しました。原稿が完成した後は、声色や抑揚を工夫したり、身振りをまじえた表現を考えるなど試行錯誤していました。光さんは平成二十五年十一月に急な病に倒れ、翌年春に永眠されました。お世話になった方々にむけて、「かしら、なか！」とよく通る大きな声で最敬礼をして、弁論の最後を締めくくった光さんが今も印象に残っています。

蘇野辺　隆尚

第五一話

「学校へ行こう！」

二〇一四年第八三回大会優秀賞弁論

岩手県立盛岡視覚支援学校高等部専攻科理療科二年(31)　佐々木　愛

視力が下がり、障害者になった。

気付いたら真っ暗なトンネルの中に迷い込んでいた。進むことができない。

「私ってこんなだったっけ?」。そう考えたりしていた。

どうしてよいか分からない。今まで自分が大切だと思っていたことにも疑問を持つようになった。

周りや自分の顔が見えなくなってきて、今までは人間の上っ面にしか興味がなかった私は間違っているのかもしれないと思うようになった。

このままじゃダメなんだ。変わりたい!

でも私はどんな人間になりたいんだろう。

そして世の中、何が大切なんだろう。

幸せって何なんだろう。

知りたい。

だけどこの先、進む道が私にあるのだろうか。疑問、不安、答えは出ない。

そんな時、世の中に視覚障害の人が通う学校があることを知った。あんま師、はり師、きゅう師の国家資格合格を目指す三年間のコースだった。

「あんま？　いまいちピンと来ない」

思い立って、学校を訪ねた。玄関に飾ってある大きな文字に吸い込まれる。「自分のことは自分でやれ、天を仰いで歩け」。私はその言葉を無心で何度も見つめた。

ひらめいた。「そうだ、この学校へ行こう！」。そう思って通い始めて、すぐにくじけた。「無理、私にはできない」

真っ暗なトンネルの中に座り込む私……。動くことができずにいた。

そんな中、少しだけ身に着いた技術で母の肩をもんだ。とても喜んでくれた。

笑顔になった。理療師ってすてきだなって思った。「大切な人の疲れやしんどさを少しでも取り除けたらいいな」。心からそう思った。それがきっかけとなった。

やっぱり学びたい。技術を身に着けたい。

学校へ行こう！

仲間が待っててくれた。目標に向かって切磋琢磨し合える仲間の存在に改めて感謝した。先生方も力になってくれた。つらいこと、苦しいこともきっと乗り越えていける。私にとってこの学校はそんな場所だ。

小さな目標を少しずつクリアしながら、毎日を過ごしたいと思う。

夢や目標がある人生はつらいこともあるけれど、幸せなことだと思う。

一週間をクリアした金曜日の放課後、母とマックで飲むコーヒーは最高においしい。いろいろな話をする。それが私の今一番の楽しみで、幸せな時間だ。

これが幸せなんだ。

ありのままの自分になれた気がする。

学校はそんな大切な事にも気付かせてくれた。

可能性や夢も与えてくれた。

これからもどんな人間になりたいか、理想とする自分を探し続ける必要があると思う。だから今は学校へ通う。とりあえず、初めの一歩を踏み出すために。

夢中になって学校へ行く。

五月、突然、大切な仲間の死があった。彼が残した言葉、「当たり前のように生きていることは、当たり前ではない」。幸せなことだって気付いた。健康で元気に通えること、環境に感謝して今日も学校へ行こう！

私が迷い込んだトンネルは、真っ暗だけど一本道だから大丈夫。

手を引っ張ってくれた。

背中を押してくれた。

私は一人じゃなかった。

ありがとう。

さあ、笑顔で光を目指そう。今、自分の運命を強く信じ、ゆっくりと前に進む。私はできる。

今日も一日、よろしくお願いします。


【本人コメント】

全国弁論大会に出場したことは人生の宝物です。たくさんの人に支えられていることを実感できて感謝の気持ちでいっぱいです。これからも自分の運命を強く信じゆっくりと進んで行きたいです。

【指導者より】

愛さんの弁論は、他学科の先生の協力も得ながら校正や発表練習などを行いました。愛さんはとても感性が豊かで、内容はもちろん、表現においても感情がこもっており、練習中から何度も感動しながら聞いていたのを覚えています。全国大会は、担任・副担任だけでなくクラスメートの生徒も一緒に会場の水戸市までかけつけて応援しました。愛さんのおかげでとても良い経験をさせて頂いたと感謝しています。入学当初の目標を達成し、社会自立してしっかりと自分の道を歩んでいっていることが、何よりも嬉しく思います。

髙橋　弘

第五二話

「gift」

二〇一七年第八六回大会優秀賞弁論

北海道札幌視覚支援学校高等部普通科三年(18)
佐々木　美紅

何度もみる夢がある。一面、真っ白な部屋。白衣姿の人が三、四人。白いベッドに、私は横たわっている。そして、右目をグッと開けられ、何かが入ってくる。医療器具なのか、薬なのか、分からない。「誰か、助けて」と、私は暗闇でさけぶ。今でも鮮明に残る「恐い」記憶。それは、赤ん坊の時、目の手術をしたからなのか。今ではそう思っています。

私は平成十一年八月に双子の姉として生まれました。しかし、早産だったため、超未熟児で片目が見えない状態でした。母は泣き崩れたそうです。その日に死んでもおかしくないと医者から言われました。それでも、私は保育器の中で懸命に生きようと頑張ったそうです。二四時間体制で医師や看護師の皆さんが全力を尽くし、看護してくださったおかげで、二日、一週間、一カ月と、私の命はつながっていきました。

そして、二カ月半経った頃、ようやく保育器から出られたそうです。それから、右目の光を少しでも取り戻すために手術を受けました。生まれたばかりの妹は母の実家に預けられ、私は両親と飛行機に乗り、千葉の病院へ。そこで、二週間入院しました。その間、父と母は私の側に付き添ってくれました。

私の命、目に光をともす努力を、若い父と母は協力してやってくれました。八〇〇《グラム》もなく生まれた私の小さな体を抱き、右往左往して心配しただろうと想像できます。医療に携わった人たちや祖父母も含め、私は感謝の気持ちで胸がいっぱいになります。人から贈られた私の命、そして目の光。

手術は成功し、明るさが分かるようになりました。

しかし、「お母さん、見えない」、小学校低学年の時でした。病院で検査をすると、手術をした右目の光が失われていました。

それでも、今までの見え方と大差なく、私は安心して生活しました。ただ、陰で両親は胸を痛めていたはずです。

また、小学校中学年の時に、ある医師の葬儀に、家族で参列しました。母は私と妹に「二人は覚えていないでしょう。この先生が二人の命を救ってくださった恩人よ。他の子の命もたくさん救ってきたんだよ」と、教えてくれました。私は手を合わせ、感謝してもしたりない思いを感じました。

「gift」。それは、先生から贈られた私の命。

周りを見ると、手を合わす家族が大勢いました。

私は、小学校は普通校に通い、中学生の時に盲学校に入学しました。環境の変化に戸惑うこともありましたが、盲学校のような少人数だからこそ、学べたことがあります。それは、責任感と積極性です。特に、生徒会の選挙では会長に立候補する意欲的な姿勢や仕事をやり遂げる責任感が培われたように感じます。普通校で、みんなより前に出ることを嫌う私には、大人数の中でできない経験だったと感じています。

また、挑戦する大切さも学びました。会長になり、みんなを引っ張っていくこと。それは私の引っ込み思案の性格をなおすための挑戦でした。

私は、生かされた命を私なりの一歩で真剣に生きる。だからこそ、喜びを持って学び、経験できるのだと、強く感じます。生まれた時は生死をさまよった私ですが、今は目が不自由なだけで他は普通の人と何ら変わりません。日々の生活を送りながら、私は苦手なことの克服に少しずつ取り組んでいます。それは対人関係と調理をすることです。特に交流学習が苦手でした。初対面の人とどんなふうに接したらよいか、頭で考えれば考えるほど話しかけられなくなります。勇気を奮い立たせ、今では少しずつ自分から話しかけ、笑顔で返せるようになってきました。さらに、会話が続くように、周りの人やテレビ、インターネットから情報を見聞きし、自分の世界を広げています。例えば、昨年末解散したSMAP。キムタクをキムチの仲間の韓国料理だと思っていた私。みんなに笑われ、自分でも大笑いし、ちょっぴり恥ずかしいけれど、笑いがあふれるクラスメートとのやり取り、とても楽しいです。

また、調理では経験不足もあり、実習は苦手でした。何とか作れても達成感が湧かず、おいしく感じられず、これでは大人になっても食事の準備ができなくなる、そう考え、三年生で調理を選択しました。帰省した際には、北海道のおいしいジャガイモ料理を母に教えてもらっています。そのおかげで、少しずつ自信がついてきました。何よりもうれしいのが作った時の達成感。おいしく食べられるようになりました。

今、生徒会長として充実し、奮闘する日々。まだまだ苦手なことはありますが、挑戦する勇気を忘れず、努力を惜しまない人になっていきます。

贈られた命を、この目で、自分の人生を精一杯生きていきたい。

【本人コメント】

私はこの弁論を発表するにあたって両親に対して感謝の気持ちしかありませんでした。伝えたいことはたくさんあって、それを文章にしてまとめるのにとても苦労しました。

【指導者より】

毎年となりますが、生徒本人の考えを整理し、端的にまとめ人に伝えたり、在校中の教育活動を通して他者との関係性について考えることのできる機会として指導しております。

坂本　紀生

応援メッセージ

発刊にあたって

全国盲学校ＰＴＡ連合会会長
内間　香代子

令和元年度、全国六七校の盲学校・視覚特別支援学校（以下、盲学校）には、幼児、児童、生徒二六一六人が学んでいます。三歳児から高等部専攻科には五〇代以上の方までが在籍しています。

一口に視覚障害といっても「視力障害」、「視野障害」、「明順応障害」、「暗順応障害」とあります。全盲でも明暗や色の濃淡はなんとなくわかる人、弱視でも視野狭窄や中心暗点の人、その見え方はそれぞれ違います。また、未熟児網膜症などにより、生まれてすぐから視覚障害のある人もいれば、事故や、緑内障、網膜色素変性症などの病気を発症し、進行することによって視力が低下してしまった人など、盲学校に通い始める年齢についても、その視覚障害の状態や程度によりさまざまなケースがあります。

全国盲学校弁論大会は、各盲学校の中学部から高等部専攻科までの生徒の中から選ばれた優勝者が地区大会へと進み、各地区で選ばれた代表者が全国大会へ出場してきます。全国七地区の九名の代表者は、七分間の発表時間の中でそれぞれの思いの丈を精一杯訴えます。その中から今回は平成二〇年の第七七回から令和元年の八八回までの優れた弁論が掲載されています。

ここには、自分の視覚障害を認識し、病気の進行の恐怖と戦い、絶望の淵に落とされてもなお、ひとすじの希望を見いだし、新しい夢を持ち、前へと進んでいく一人一人の生の声があります。そこから懸命に彼らを支える家族やまわりの人々の思いも感じることができます。

昨今、「合理的配慮」とか、「共生社会」という言葉がよく聞かれるようになりました。ただ、実現に至るにはまだまだ遠い道程があると思います。盲学校を卒業した生徒たちには、高い社会的壁が存在するのも現実です。まずは、障害について多くの方に知っていただくことから始まるのだと思います。「何を」「どう」配慮したらいいのか、何を理解していれば手を携えていけるのか、令和の時代の共生社会の実現に向けて考えていきたいと思っています。

現在、全国の盲学校ＰＴＡでは視覚障害に対する理解推進のために「点字ブロック理解推進キャンペーン」、また、駅のホームでの安全確保のために「転落事故防止キャンペーン」など、メッセージ入りのティッシュやチラシ等を街頭で配布しています。

この「全国盲学校弁論大会『第二集』」も視覚障害教育の発展と視覚障害への理解推進につながりますように、私達ＰＴＡも心から願っております。

生きる知恵にあふれる一日

NHK制作局　第三制作ユニット〈福祉〉専任部長

星野　真澄

NHKのEテレで毎週月曜から水曜に放送しているハートネットTVでは、毎年、全国盲学校弁論大会を収録し、三〇分番組で前後編の二回に分けて放送しています。

ハートネットTVのプロデューサーのひとりである私は、これまでは編集を終え、すでに完成した番組を視聴してきましたが、第八八回を迎えた今回、はじめて審査員として生の大会の現場に伺いました。

なんという緊迫した空気でしょう。大会が始まる前から、登壇して順番を待つ弁士の生徒たちの緊張と意気込みがひしひしと伝わってきます。そして大会が始まると、わずか七分間のスピーチで、まっすぐに突き刺さってくるような選び抜かれた言葉の数々を受け止めて、点数を付けなくてはなりません。見えない、見えなくなるという人生を生きる中で経験した挫折、葛藤、そして自分で見つけた前を向いて生きるための答えが会場に響き渡ります。

審査すれば、声の大きさ、話し方、スピーチのテクニックには差があるかもしれません。しかし、自分の人生を生きる中で見つけた「大切なもの」に、優劣はありません。すべてが宝物なのです。全てのスペーチが、実体験から紡ぎ出されたオリジナルの言葉なのです。

それは、盲学校の弁論大会という場を超えて、すべての人の心に響く、普遍性に満ちたメッセージなのだと感じました。

この第八八回盲学校弁論大会は、私にとっても、公共放送として何を伝えていくべきなのか、改めて考えさせられる時間となりました。わずか六〇分の放送で、この一日に賭けた弁士のみなさんの情熱をどう伝えるのか、そして、より多くの人たちに見ていただくためには、どのような伝え方がいいのか考えていきたいと思います。

大会終了後、番組のためにディレクターが受賞した方々を訪ね、日常の生活を撮影させていただくことがあります。受賞者を支える家族、友人、先生方に出会うことで、わずか七分のスピーチに込めた思いをより深く感じていただきたいと願うからです。これからも、さまざま試行錯誤をしながら、皆さんと一緒に大会を支えていきたいと思っています。

最後になりましたが、八八回という偉大な歴史を刻んだ全国盲学校弁論大会を支えてこられた方々に敬意を表するとともに、これからも大会が生きる知恵にあふれ、人生のエポックメーキングな時間となっていくことを願ってやみません。

全国盲学校弁論大会に臨席させていただいて

社会福祉法人　日本ライトハウス　常務理事　關　宏之

日本ライトハウスは、全国盲学校弁論大会に際して、入賞の機会を逃されたものの弁論内容において特筆すべき弁士に〝特別賞〟を贈呈させていただいています。私は、数年来近畿の弁論大会には審査員の一人として、また、全国大会には特別賞の贈呈者として出席し、弁論をお聞きする機会に恵まれてきました。

それぞれの盲学校の学内選考や地区予選を経た弁論ですからよくこなれていると思いますが、弁論大会ですから、聴衆を前に、弁論態度や与える印象はどうだったのか（エスト）、自分の考えが論理的に話せているか（ロゴス）、聴衆に感動をもたらし、共感を呼び起こしているか（パトス）といったコミュニケーション力が問われることになります。

さて、そのテーマですが、第一回から昨年の八八回までの歴代優勝弁論をみてみると、当事者として「視覚障害」に向き合っている現実が語られてきました。それを〝自助・公助・共助〟という三つの論点に分けることができます。自助としては、個人の障害観や先達の社会観との出会い、盲学校・教育、先生や友人たち、家族や家庭生活において直面する課題が溶解していった様子が語られます。また、公助としては、社会制度を利用し、より良い制度への展望を語り、制度の充実を唱える主張があります。共助としては、地域の人々やさまざまな環境との接点から、社会の一員としての自分を語る弁論もあります。

ただ、しばしば思うことがあります。素手で戦っている弁論に対してその葛藤が壮絶だと映るからでしょうか、健気だとか純粋だとか感動したという感想をお聞きすることもあります。それでは彼らの人としての矜持に応えていることにはなりません。彼らの周縁にある聴衆や私たちが、ともに歩み、支えあえる存在だと思うからです。彼らの人生を引き受けるほどの覚悟があるかどうかが問われているわけで私自身も内心忸怩たるものがあります。

日本ライトハウスの創業者岩橋武夫や岩橋とゆかりの深いヘレン・ケラー女史は、口ぐせのように「私たちを社会から閉め出さないでほしい。社会の一員をなのだから！」と語られたと言われています。それが今日の〝ソーシャル・インクルージョン（社会に包みこむ）〟という人間の誇りを原点に据えた理念へと連なります。社会化という視野から葛藤を乗り越える弁論に出会えることを期待しながら今後とも拝聴させていただきます。

諸準備に当たられる多くの方々のお骨折りに心より感謝します。

大切なこと　人から人へ

住友グループ広報委員会

住友グループ広報委員会は、「全国盲学校弁論大会」の感動を広く社会に伝えていくため、第七二回大会より大会の特別協賛をさせていただいております。

当初、協賛のご相談を頂いた際、本大会が関係者の熱意により、長年開催されてきたことをお伺いし、住友グループ広報委員会のグループメッセージである「大切なこと　人から人へ」の精神に重なり合う大会であると考え、お受けしました。その後、毎年、当会メンバーも全国大会を拝聴させていただいておりますが、メンバー一同、協賛させていただいてよかったという思いを強くしております。

大会では、弁士の一人一人が、自身の障害と真摯に向き合い、心の葛藤を乗り越えられた心境や、家族や友人たちとの関わりを通じて得た経験を自身の言葉として、時には熱く、時には語り掛けるように聴衆に訴えかけられます。テーマは、弁士により異なりますが、その内容、語り口に、毎回、新たな深い感動を覚え、思わず涙することもあります。

住友グループ広報委員会では、四〇〇年余りの歴史に育まれた「住友」をルーツとする会社をメンバーとし、住友グループへの信頼感向上を図り、社会と、よりよい関係を作っていきたいと願い、さまざまな活動を行っています。

また、時代の大きな移り変わりの中で、残したい、築いていきたい「大切なこと」を共に考え、行動することを目指しています。

その活動の一つとして、全国盲学校弁論大会に特別協賛できることは、私たちにとっても大変意義深く、光栄なことです。弁士の方々が生活の中で触れた悩み、絶望、喜び、希望などを自らの言葉で発信された弁論集をお届けします。

弁論大会にご出席頂けなかった読者の皆様の心にも、弁士にとっての「大切なこと」が響き、明日への「生きる活力」となることを願いながら。

全国盲学校弁論大会「第二集」の発刊にあたり

公文教育研究会

全国盲学校弁論大会　「第二集」　のご発刊に心よりお祝い申し上げます。
また寄稿という機会を頂戴いたしましたことを大変光栄に存じますとともに、心より感謝申し上げます。

私ども公文教育研究会は、「われわれは　個々の人間に与えられている可能性を発見し　その能力を最大限に伸ばすことにより　健全にして有能な人材の育成をはかり　地球社会に貢献する」という理念のもと、一九五八年の創立以来、高い学力や自ら学んでいく力を身につけてほしいという思いで、実践を積み重ねております。

地域の皆さまに支えられて、二〇一八年にはおかげ様で創立六〇周年を迎えることができました。

現在、乳幼児から高齢者の方々までの様々な世代に、そして世界五七の国と地域に広がっています。

弊社は、二〇〇一年（第七〇回）より、全国盲学校弁論大会に協賛という形でご一緒させていただいております。毎年、実施会場の地域を管轄する本部の責任者、また私ども広報部門の社員が直接大会に参加させていただいております。

参加をさせていただく度に、弁士の方々の練習に練習を重ねられた見事な弁論、そしてその感動的な内容に夢中になって聞き入ってしまうのはもちろんのこと、ご自身の現在の状況に真摯に向き合い、今の自分を認めながら前を向いて生きる弁士の方々の姿勢に、言葉にはし尽せない感動を覚えます。

弁士の方々お一人おひとりの、ご自身の可能性を見つけ、それを信じ、前に向かっていく姿は、まさに弊社が大切にする理念と重なるものであり、貴会の素晴らしい活動に一団体として協力させていただけていることを、誇りに思う次第です。

これからも、貴会のますますのご発展を心よりお祈り申し上げますと同時に、活動を一団体として、末永く支え、応援することができれば幸いに存じます。

今後とも何卒よろしくお願い申し上げます。

前審査員長として思う

日本点字図書館理事長　田中　徹二

　私が審査員長になったのは、一九九二年でした。日本点字図書館の館長になって翌年のことです。それまで審査員長を務めていた本間さん（当時、日本点字図書館理事長）から「引き継いでほしい」と頼まれたからです。二〇〇六年まで一五回、審査員長を務めました。最初の優勝者は、浅野目誠さん（宮城県立盲学校）でした。その翌年、筑波大学附属盲学校の南沢創さんが優勝しました。長野県の高校生のときに失明し、盲学校に転校しましたが、見えているときに魚釣りに行った思い出について、ユーモアを交えて話したことを覚えています。今は音楽大学を出て宇都宮市の小学校で、見える子どもたちに音楽を教えています。ある点字雑誌に毎月随想を書いていますが、見えない人が一人もいない世界で、りっぱに仕事をこなしていることに敬服しています。そのほかで印象に残っているのは、一九九九年の井上美由紀さんです。福岡県立盲学校の中学生でした。お母さんの厳しいしつけに反抗しながら、自分の成長を見守っていてくれることに感謝するという内容でした。その後、どのような進路を選んだのでしょうか。どんな大人になっているのか情報がなく、気になるところです。

毎年、大会のプログラムには、過去の優勝者の一覧が掲載されています。それには、私が知っている人たちがたくさん並んでいます。日本盲人福祉研究会や日本点字委員会、ＮＨＫの「盲人の時間」（ラジオ第二放送）などの活動の中で知り合った人たちです。一九五一年の白畠庸さん（京都府立盲学校、「点字書籍を増やすには」）、一九五二年の近藤敏郎さん（大阪府立盲学校、「ブライユにこたえて」）、一九五三年の津野幸治さん（大阪府立盲学校、「偽るなかれ」）、一九五五年の中村茂さん（大分県立盲学校、「存在への勇気」）、一九五六年の宮村健二さん（石川県立盲学校、「友情箱」）と、ほぼ毎年のように続いています。少し離れて、一九六五年は岩井和彦さん（大阪府立盲学校、「理解されない盲人」）でした。一九六八年は、亀甲孝一さん（大阪市立盲学校、「点字制定記念日に思う」）、一九七二年、渡辺昭一さん（大阪市立盲学校、「教育と職業の保障を」）、一九七三年、川田隆一さん（香川県立盲学校、「希望に燃えて」）などの皆さんです。亡くなった方も三人ほどいますが、それぞれの立場で立派に業績を上げている方々です。中でも岩井さんは、その後日本ライトハウス盲人情報文化センターの館長になった人ですし、渡辺さんは日本点字委員会の現在の会長です。優勝者の出身校を見ると、視覚障害者の世界では教育でも、文化でも長く西高東低だったことがよくわかります。

私の前の審査員長だった本間さんも、函館盲学校の生徒だったときに、この弁論大会に出ています。優勝できなかったのですが、思い入れには強いものがありました。日本点字図書館では優勝者に盃を授与していますので、私は審査員長を退いた後も、ほぼ毎回この大会には出席しています。

今の審査員長、愼さんの成績発表と講評を聞きながら、時々審査会のことを思い出します。私のときもそうでしたが、ほかの審査員はそれぞれ所属する組織の肩書を持っている人々です。ですから所属部署が変わると、新しい方になります。皆さんは視覚障害者の生活を特によく知っているわけではありません。審査員の発言を聞きながら違和感を持つことがよくありました。それぞれ点数をつけますから、合計の高得点の人が入賞することになります。この弁論に、どうしてこんな高得点がつくのかなと思うこともありました。別の見方をすると、私のように視覚障害を知り過ぎている者が感じることだけでは、客観的な判断ができないということかもしれません。一般の視点とともに審査することに意味があるのではないかとも思います。

まだまだこの弁論大会は続いていくでしょう。優勝者の中から、ぜひ今後も視覚障害者のリーダーとして活躍する人が出てくれることを期待します。

全国盲学校弁論大会Q&A

どのような方が盲学校で勉強するの？

本書の弁論では、盲学校に入学するまでの経緯や葛藤が述べられています。これは全国大会に限らず、各学校や各地区の大会でも共通する特徴です。

盲学校に入学してくる一番の原因は病気による視力低下です。本書の弁論だけでも、網膜色素変性症、視神経髄膜炎、アルビノ、スターガルト病、レーベル病、網膜芽細胞腫、マルファン症候群、糖尿病性網膜症など多岐にわたります。また、交通事故も原因の一つです。ある日突然視力を失い、絶望のどん底に突き落とされたときの気持ちが詳しく語られています（第四五話）。

生まれつき目が見えない方から、病気や事故により急に視力が低下した方、そして病気の進行により徐々に視力や視野が低下した方まで、その過程や状態はさまざまですが、全国の盲学校は、一人一人の見えにくさに応じた教育内容や最適な勉強の仕方を提供しています。そのことを知り、盲学校で専門的な教育を受けてみよう、知識と技術を身に付けて社会に復帰し、もう一度自分の人生を築いてみようと思われた方々が盲学校での生活を始められるのです。

盲学校にはどのような学部や学科があるの？

弁士の所属を見てみると、たくさんの学部や学科の名称が出てきます。初めて耳にする言葉もあるでしょう。

盲学校には、複数の学部や学科があって、中学部以上を記すと次のようになります。

○中学部・・・中学校とほぼ同じ。

○高等部（本科）普通科・・・高等学校の普通科とほぼ同じ。

○高等部本科保健理療科・・・高等学校の職業科とほぼ同じ。中学校（部）を卒業した人が入学し、あん摩マッサージ指圧師の資格取得を目指します。同様なものに音楽科があります。

○高等部専攻科保健理療科、専攻科理療科・・・高等学校や高等部本科を卒業した人が入学し、あん摩マッサージ指圧師、はり師及びきゅう師の資格取得を目指します（保健理療科はあん摩マッサージ指圧師の資格のみ）。理療科を鍼灸手技療法科としている学校もあります（筑波大学附属視覚特別支援学校、第三〇話）。同様なものに専攻科理学療法科、専攻科音楽科、専攻科柔道整復科（大阪府立大阪南視覚支援学校、第四三話）などもあります。

その他、小学部と幼稚部があり、盲学校によっては、さらに小さい子供とその保護者のために早期支援教室が開設されています。弁士の中に長い間盲学校に通っている方がいるのはこのためです。

いくつも校名があるのはなぜ？

弁士の学校名に「視覚支援学校」や「視覚特別支援学校」といった名称が増えたことに気付かれた方がいると思います。これは平成19年（２００７年）に国の特別支援教育の制度が変わり、法令上、それまでの盲・聾・養護学校が、特別支援学校になったことから、「盲学校」からの「○○視覚支援学校」などのように校名変更が徐々に進んだのです。

例えば、本書にも登場する「福島県立盲学校」（第一話、第七話）は、平成29年に「福島県立視覚支援学校」（第一五話）になりました。また、「兵庫県立盲学校」も平成19年に「兵庫県立視覚特別支援学校」（第九話、第一一話、第四四話）になりました。学校名に「視覚」という文字が入っているのは、専ら視覚障害教育を行う特別支援学校であることを意味しています。珍しいところでは、「埼玉県立盲学校」から校名変更した「埼玉県立特別支援学校塙保己一学園」（第一三話、第一六話）があります。これは、江戸時代後期に全盲でありながら『群書類従』を編纂した郷土の偉人である塙保己一の名前を冠しているのです。

現在（令和2年2月末現在）では、全国の67校のうち26校（39％）が「盲学校」以外の校名になっています。「盲学校」といっても在籍する幼児児童生徒は全盲の方だけではありませんし（むしろ弱視の方の方が多い）、聴覚障害や肢体不自由、知的障害などの他障害を併せ有する方も多数在籍していますが、「盲学校」という名称に誇りと愛着を感じて使用し続けている学校が41校（61％）もあるのです。

どうして大人も在学しているの？

全国盲学校弁論大会に出場する弁士の中には大人の方が多数おります。出場当時の年齢では、20代はもちろん、50代の方までいます。これは盲学校が、人生半ばで視覚障害になりつつも、そこから社会復帰を目指せる学びの場になっているからです。

視覚障害者になることによる物心両面の負担がどれだけ大きいか計り知れませんが、苦境を乗り越えようとしたときのお気持ちや行動についての話が聴く者に大きな感動を与えてくれたことは、本書座談会の中で愼先生が指摘してくださったとおりです。

年齢が進んでから新しいことに挑戦したり、理療に関する学習内容を習得したりするのには大きな苦労があると思います。盲学校ではそのような方々の学びを支援し、その結果多くの方がその苦労を乗り越え、国家資格を取得して社会に復帰されています。本書の【本人コメント】からは弁士のその後の活躍を伺い知ることができます。また、このような大人の生徒の姿が、若い児童生徒のよき見本となっているのです。

弁論大会は参観できるの？

本書をきっかけに、盲学校の生徒の弁論に関心をもたれたら、ぜひ会場に足をお運びください。会場の熱気と真剣な雰囲気に驚くとともに、文字からだけでは伝わらない感動を味わうことができます。

盲学校の弁論大会には、各学校が行う校内予選会、全国7地区に分かれて行われる地区弁論大会、そして全国大会があります。どの大会も盲学校の生徒の活躍や盲学校の教育活動を広く知っていただくために一般に公開されています。

大会の場所や主管校などは毎年交代しますので、詳しいことは最寄りの盲学校（巻末の一覧表参照）にお問合せください。

「中国旅行」って何？

各弁論のあとに載っている【本人のコメント】や【指導者のコメント】には、「中国の日本人学校で弁論」（第三話）、「中国への海外研修」（第二五話）、「中国への旅行」（第三四話）、「中国旅行」（第三七話）という表現が出てきます。

この中国旅行は、全国大会を応援してくださる団体から優勝者、準優勝者および第三位者への副賞として提供されたものです。旅行といっても単なる観光ではなく、中国の視覚障害のある方々との交流を通じて、見聞を広めるとともに、国際的な見方・考え方を養う機会となってきました。現在は、中国への研修旅行は終了していますが、日本の視覚障害のある生徒の意見を海外の方に知っていただく機会として、またいつの日か設けられてもいいのかもしれません。

巻末資料

弁論大会歴代優勝者一覧

年	回	タイトル	学校名	優勝者
1928年	第1回	特殊教育の充実と盲人の使命	大分県立盲学校	二宮　義雄
1929年	第2回	順風をはらんで神に祈る	大阪市立盲学校	森田　正一
1930年	第3回	開拓者の精神	山口県立下関盲学校	渡辺　雅美
1931年	第4回	吾人の誓い	和歌山県立盲学校	山根木正嗣
1932年	第5回	光は闇の中に輝く	東京盲人技術学校	熊谷　善一
1933年	第6回	うんとやりましょう諸共に	大阪府立盲学校	田村　次郎
1934年	第7回	私の信念	熊本県立盲学校	中島　之典
1935年	第8回	あきらめの彼方へ	京都府立盲学校	西崎　　清
1936年	第9回	退いて無名の英雄たれ	和歌山県立盲学校	松本　富穂
1937年	第10回	二つの信条	大阪府立盲学校	丹下　　薫
1938年	第11回	種を蒔く人	新潟県立新潟盲学校	奥住　　勇
1939年	第12回	二つの潮流	東京同愛盲学校	樋口　鶴男
1940年	第13回	世界一の果報者	広島県立盲学校	吉沢　　茂
1941年	第14回	真実の世界を求めて	和歌山県立盲学校	成田　周三
1942年	第15回	武器なき闘い	兵庫県立盲学校	粟井　禮次
1943年	第16回	日本の腰を強めましょう	岡山県立盲学校	山田　典子
1947年	第17回	盲女性の要望	奈良県立盲学校	西田　和恵
1948年	第18回	母性愛にこたえて	静岡県立静岡盲学校	井村淳一郎
1949年	第19回	新しい母	石川県立盲学校	宮沢　秀明
1950年	第20回	愛の盲女子ホーム建設	愛知県立名古屋盲学校	花井　久子
1951年	第21回	点字書籍を増やすには	京都府立盲学校	白畠　　庸
1952年	第22回	ブライユにこたえて	大阪府立盲学校	近藤　敏郎
1953年	第23回	偽るなかれ	大阪府立盲学校	津野　幸治
1954年	第24回	平和のともしび	広島県立盲学校	藤正　坂二
1955年	第25回	存在への勇気	大分県立盲学校	中村　　茂
1956年	第26回	友情箱	石川県立盲学校	宮村　健二
1957年	第27回	小さな革命	大阪府立盲学校	小坂　吉明
1958年	第28回	イソップ物語に学ぶ	兵庫県立盲学校	竹本　春子
1960年	第29回	平凡なる非凡	新潟県立高田盲学校	太刀　川武
1961年	第30回	青い小鳥を自己の手で	岡山県立岡山盲学校	佐川　澄子
1962年	第31回	信和寮と私	新潟県立高田盲学校	吉川　正雄
1963年	第32回	小さな勇気	新潟県立高田盲学校	信保　明子
1964年	第33回	友情に生きたい	愛知県立豊橋盲学校	水谷　嘉子
1965年	第34回	理解されない盲人	大阪府立盲学校	岩井　和彦
1966年	第35回	再び歩み始める	徳島県立徳島盲学校	松尾　素子
1967年	第36回	盲学校という名に耐えて	新潟県立高田盲学校	野沢　信子
1968年	第37回	点字制定記念日に思う	大阪市立盲学校	亀甲　孝一

年	回	タイトル	学校名	優勝者
1969年	第38回	可能性への挑戦	和歌山県立和歌山盲学校	森本　和秀
1970年	第39回	奉仕と感謝	大阪府立盲学校	戸田　　繁
1971年	第40回	ある感動	高知県立盲学校	小松　俊子
1972年	第41回	教育と職業の保障を	大阪市立盲学校	渡辺　昭一
1973年	第42回	希望に燃えて	香川県立盲学校	川田　隆一
1974年	第43回	夢からの第一歩	静岡県立浜松盲学校	田中そめの
1975年	第44回	人間復活	岩手県立盲学校	佐々木　実
1976年	第45回	前を向いて生きよう	鹿児島県立鹿児島盲学校	脇園　寿子
1977年	第46回	科学技術時代に思う	大阪市立盲学校	硲久　　修
1978年	第47回	ペルーから日本へ	山口県立盲学校	籾井さつき
1979年	第48回	病気との闘い	熊本県立盲学校	山崎　浩三
1980年	第49回	甘えを捨てて	大阪府立盲学校	田中　康弘
1981年	第50回	杖	愛媛県立松山盲学校	豊田　初江
1982年	第51回	あと一歩	大阪府立盲学校	尾鼻　達朗
1983年	第52回	私の見つけた青い鳥	福岡県立福岡盲学校	田端　里美
1984年	第53回	出会いということ	静岡県立浜松盲学校	藤田　寿美
1985年	第54回	今、新しい人生が	三重県立盲学校	平井　正信
1986年	第55回	はばたく私の青春	兵庫県立盲学校	蒲生　明美
1987年	第56回	心	大阪府立盲学校	小林　一尚
1988年	第57回	あなたのバーを今少し高く	大阪市立盲学校	山本　真弓
1989年	第58回	小さな社会から	青森県立盲学校	沢田　彰郎
1990年	第59回	心から心へ	北海道高等盲学校	渡部　菜子
1991年	第60回	「看護師さん」っていいなあ	熊本県立盲学校	嶽野　寛子
1992年	第61回	かけがえのない自分を見つめて	宮城県立盲学校	浅野　目誠
1993年	第62回	釣堀とともに	筑波大学附属盲学校	南沢　　創
1994年	第63回	日の光、色に見ずとも	福岡県立柳河盲学校	藪内智佳子
1995年	第64回	未知の世界への挑戦	福井県立盲学校	前田　智洋
1996年	第65回	私が大好き	東京都立八王子盲学校	北　　葉子
1997年	第66回	川に流したもの	福岡県立柳河盲学校	原田　淳一
1998年	第67回	ボランティア	北海道高等盲学校	花尻真由美
1999年	第68回	母の涙	福岡県立福岡盲学校	井上美由紀
2000年	第69回	コーラス	富山県立盲学校	島崎　真美
2001年	第70回	ずっと一緒だよ	神戸市立盲学校	匿名希望

年	回	タイトル	学校名	優勝者
2002年	第71回	心のハンディキャップ	福岡県立福岡高等盲学校	清水　蔵隆
2003年	第72回	私の表情	神戸市立盲学校	匿名希望
2004年	第73回	黒電話	静岡県立静岡盲学校	守屋　　剛
2005年	第74回	犬の耳が欲しい	北海道札幌盲学校	柴田　裕里
2006年	第75回	悔いのない今日を生きる	岡山県立岡山盲学校	竹本登久子
2007年	第76回	働く喜び　実らせて	大阪市立盲学校	三ツ井直樹
2008年	第77回	踏み出す	福島県立盲学校	鈴木　祐花
2009年	第78回	僕に続く後輩たちのために	筑波大学附属視覚特別支援学校	ファン・バン・ソン
2010年	第79回	空へ	奈良県立盲学校	川添　　愛
2011年	第80回	世界にひとつの宝物	和歌山県立和歌山盲学校	中　　　麻
2012年	第81回	私と家族	愛媛県立松山盲学校	冨永　広幸
2013年	第82回	笑顔	茨城県立盲学校	山口　凌河
2014年	第83回	守りたい	福岡県立福岡高等視覚特別支援学校	柿野　明里
2015年	第84回	光り輝くあの月へ	福島県立盲学校	渡邊　　健
2016年	第85回	私は回遊魚	福井県立盲学校	松田えりか
2017年	第86回	Ame（あめ）	静岡県立浜松視覚特別支援学校	望月　達哉
2018年	第87回	視覚障がい者だから	大阪府立大阪南視覚支援学校	阿部　亮介
2019年	第88回	シロウサギ	福島県立視覚支援学校	常松　　桜

全国盲学校弁論大会規約

1 名　称

本大会は、全国盲学校弁論大会（以下、大会）と称する。

2 目　的

本大会は、弁論大会を通じて盲学校生徒の資質向上を図り、併せて盲学校教育の発展と社会の啓発に資するところを目的とする。

3 主　催

全国盲学校長会（以下、全国校長会）と毎日新聞社点字毎日（以下、点字毎日）、毎日新聞社会事業団（以下、事業団）との共催とする。

4 構　成

本大会は、ブロック別選抜地区大会と全国大会で構成する。全国大会への出場権は地区大会の選抜者に与える。

地区大会は、北海道、東北、関東・甲信越、中部、近畿、中国・四国、九州の7地区で開催する。

地区大会選抜者は各地区1名を原則とするが、関東・甲信越と、開催地区に限り更に1名を加えることができる。（関東・甲信越地区で全国大会開催の場合は3名を地区代表とする）

なお，地区選抜者とは別に、主管校優秀賞受賞弁論（基準弁論）を行う。ただし、同弁論は表彰の選考外とする。

5 出場資格

原則として高等部生徒とするが、中学部生徒の出場も認める。

全国大会で優勝を経験した者の再出場は認めない。

6　開催要項

（1）　開催時期

本大会は毎年1回開催する。地区大会は8月までに随時各地で開く。全国大会は、全国校長会と点字毎日の事前協議で持ち回りによる主管校を決定。毎年秋（10月初旬〜11月初旬）に開くものとし、大会日程は主管校を交え全国校長会と点字毎日、事業団で協議し決定する。

（2）　運　営

地区大会は地区校長会が運営し、全国大会は全国校長会と点字毎日、事業団が主管校の協力を得て運営する。ただし、点字毎日は、地区大会の運営資金の一部を助成する。

（3）　連絡協議機関

大会の円滑な運営を図るため、全国校長会と点字毎日は毎年4月、それぞれの当該年度の連絡委員（主管校）を指名し、大会事務の連絡・協議・事務を担当する。

（4）　大会規定

大会は自由弁論とし、持ち時間は7分とする。なお、審査基準は別に定める。

なお、地区大会において全国大会出場が決まった弁士の原稿は、必要不可欠な場合を除き、原則として手を加えないこととする。

（5）　審査員

審査員は6人とし、そのうち1人は特別審査員として文化人に依頼する。特別審査員の人選については、点字毎日に一任する。

（6）　表　彰

（入賞）

全国大会は上位3位までを毎日新聞社長名で表彰し、優勝者に文部科学大臣優勝旗、点字毎日杯、毎日新聞社会事業団杯、日本点字図書館杯、住友グループ杯（以上持ち回り）、準優勝者に日本ヘレンケラー財団杯（持ち回り）、3位までに点字毎日盾を贈る。特別賞として4位に日本ライトハウス盾を贈る。なお、持ち回りのうち、点字毎日杯、毎日新聞社会事業団杯、日本点字図書館杯、住友グループ杯、日本ヘレンケラー財団杯については、次年度にレプリカを贈呈する。
また、個人賞として全国大会出場者全員に、①全国盲学校長会長名の優秀賞盾②住友グループ広報委員会名の個人賞を贈る。

（副賞）

全国大会入賞者は、副賞として海外研修旅行に招待する。対象は3位までの入賞者と付き添いの教員各1名。原則として冬季休暇期間を利用し、招待先は中国とするが、旅行先等は当該年の状況を勘案しながら決定する。

（地区大会）

地区大会については、当該地区校長会において適宜表彰する。参加選手全員に点字毎日から参加賞を贈る。

付　則

1　地区大会は、全国校長会のブロック分けによるものとする。
2　全国大会は、全国校長会、点字毎日、事業団の3者による協議によるものとする。
3　規約に疑義を生じた時は、連絡委員が協議し、全国校長会、点字毎日の代表者の承認を得て処理する。
4　規約改正は全国校長会、点字毎日、事業団の3者の合意により行う。
5　この規約は昭和50年4月1日から実施する。
平成2年4月1日一部改正　　平成14年7月1日一部改正
平成15年6月1日一部改正　　平成15年10月15日一部改正
平成19年3月1日一部改正　　平成23年10月14日一部改正
平成25年6月22日一部改正　　平成26年7月1日一部改正

全国盲学校長会加盟校一覧

（令和２年２月１日現在）

学校名	校長氏名	住所	TEL	FAX
北海道旭川盲学校（幼・小・中）	坂下　浩寿	〒070-0832 北海道旭川市旭町２条15丁目	0166-51-8101	0166-51-8102
北海道帯広盲学校（幼・小・中）	佐古　勝利	〒080-2475 北海道帯広市西25条南２丁目９-１	0155-37-2028	0155-37-3768
北海道函館盲学校（幼・小・中）	辻山しのぶ	〒040-0081 北海道函館市田家町１９-１２	0138-42-3220	0138-42-3221
北海道札幌視覚支援学校（幼・小・中・高普・高保理・専理・専保理）	木村　浩紀	〒064-8629 北海道札幌市中央区南14条西12丁目１-１	011-561-7107	011-561-2423
青森県立盲学校（幼・小・中・高普・高保理・専理）	中村　紹子	〒030-0936 青森県青森市矢田前字浅井２４-２	017-726-2239	017-726-9809
青森県立八戸盲学校（小・中）	中谷えり子	〒031-0081 青森県八戸市柏崎６-２９-２４	0178-43-3962	0178-43-3942
岩手県立盛岡視覚支援学校（幼・小・中・高普・高保理・専理・専保理）	清水　利幸	〒020-0061 岩手県盛岡市北山１-１０-１	019-624-2982	019-624-3164
秋田県立視覚支援学校（幼・小・中・高普・高保理、専理・専保理、専生情）	鈴木　和人	〒010-1407 秋田県秋田市南ケ丘１丁目１番１号	018-889-8571	018-889-8575
宮城県立視覚支援学校（小・中・高普・高保理・専理・専保理）	石墨　安洋	〒980-0011 宮城県仙台市青葉区上杉６-５-１	022-234-6333	022-234-7974
山形県立山形盲学校（幼・小・中・高普・高保理・専理）	荒井　裕之	〒999-3103 山形県上山市金谷字金ヶ瀬１１１１	023-672-4116	023-672-4117
福島県立視覚支援学校（小・中・高普・高保理・専理）	須田　康仁	〒960-8002 福島県福島市森合町６-３４	024-534-2574	024-533-2470
茨城県立盲学校（幼・小・中・高普・高保理・専理・専保理）	奥岡　智博	〒310-0055 茨城県水戸市袴塚１-３-１	029-221-3388	029-225-4328
栃木県立盲学校（幼・小・中・高普・高保理・専理・専保理）	伊澤　栄一	〒321-0342 栃木県宇都宮市福岡町１２９７	028-652-2331	028-652-4602
群馬県立盲学校（幼・小・中・高普・専理・専保理）	新井　啓	〒371-0805 群馬県前橋市南町４-５-１	027-224-7890	027-243-2821
埼玉県立特別支援学校塙保己一学園（幼・小・中・高普・専理・専保理）	柳澤　正則	〒350-1175 埼玉県川越市笠幡８５-１	049-231-2121	049-239-1015
筑波大学附属視覚特別支援学校（幼・小・中・高普・高音・専鍼、専理法・専音・専鍼研）	柿澤　敏文	〒112-8684 東京都文京区目白台３-２７-６	03-3943-5421	03-3943-5410
東京都立文京盲学校（高普・専理・専保理）	木村　利男	〒112-0004 東京都文京区後楽１-７-６	03-3811-5714	03-3812-3446
東京都立久我山青光学園（幼・小・中）	相賀　直	〒157-0061 東京都世田谷区北烏山４-３７-１	03-3300-6235	03-3300-7136
東京都立葛飾盲学校（幼・小・中）	田島　忍	〒124-0006 東京都葛飾区堀切７-３１-５	03-3604-6435	03-3602-9096
東京都立八王子盲学校（幼・小・中・高普・高保理・専理・専保理）	山岸　直人	〒193-0931 東京都八王子市台町３-１９-２２	042-623-3278	042-623-6262
千葉県立千葉盲学校（幼・小・中・高普・高保理・高生技・専理・専保理）	大野　一美	〒284-0001 千葉県四街道市大日４６８-１	043-422-0231	043-424-4592
神奈川県立平塚盲学校（幼・小・中・高普・高保理・専理・専保理）	柴山　洋子	〒254-0047 神奈川県平塚市追分１０-１	0463-31-0948	0463-31-5996
横浜市立盲特別支援学校（幼・小・中・高普・専理・専保理）	長尾　一	〒221-0005 神奈川県横浜市神奈川区松見町１-２６	045-431-1629	045-423-0284
横浜訓盲学院（幼・小・中・高普・専理・専保理・専生）	津布工　浩	〒231-0847 神奈川県横浜市竹之丸１８１	045-641-2626	045-641-2627
神奈川県立相模原中央支援学校（幼・小・中）	鈴木　善之	〒252-0221 神奈川県相模原市中央区高根１-５-３６	042-768-8510	042-768-8519
山梨県立盲学校（幼・小・中・高普・高保理・専理・専保理）	成田　健	〒400-0064 山梨県甲府市下飯田２-１０-２	055-226-3361	055-226-3362
長野県松本盲学校（幼・小・中・高普・高保理・専理）	山口　博	〒390-0802 長野県松本市旭２-１１-６６	0263-32-1815	0263-36-9505
長野県長野盲学校（幼・小・中・高普・高保理・専理）	小平　直司	〒381-0014 長野県長野市北尾張部３２１	026-243-7789	026-263-3038
新潟県立新潟盲学校（幼・小・中・高普・高保理・専理）	南　誠	〒950-0922 新潟県新潟市中央区山二ツ３-８-１	025-286-3224	025-286-3298
富山県立富山視覚総合支援学校（幼・小・中・高普・高保理・専理・専保理）	長井　久恵	〒930-0922 富山県富山市大江干１４４	076-423-8417	076-423-8418
石川県立盲学校（小・中・高普・高保理・専理・専保理）	江川　周一	〒920-0942 石川県金沢市小立野５-３-１	076-262-9181	076-222-0214
静岡県立静岡視覚特別支援学校（幼・小・中・高保理）	吉田　幸弘	〒422-8006 静岡県静岡市駿河区曲金６-１-５	054-283-7300	054-282-8919
静岡県立沼津視覚特別支援学校（幼・小・中・高保理）	馬場　俊一	〒410-0046 静岡県沼津市米山町６-２０	055-921-2099	055-921-5104
静岡県立浜松視覚特別支援学校（幼・小・中・高普・専理・専保理）	前田　貴子	〒433-8111 静岡県浜松市中区葵西５-９-１	053-436-1261	053-438-2876
愛知県立名古屋盲学校（幼・小・中・高普・高保理・専理・専保理）	神田　正美	〒464-0083 愛知県名古屋市千種区北千種１-８-２２	052-711-0009	052-723-6813

学校名	校長氏名	住所	TEL	FAX
愛知県立岡崎盲学校（幼・小・中・高普・高保理・専理）	小野田明好	〒444-0875 愛知県岡崎市竜美西１-１１-５	0564-51-1270	0564-55-9431
岐阜県立岐阜盲学校（小・中・高普・高保理・専理）	林　亨	〒500-8807 岐阜県岐阜市北野町７０-１	058-262-1255	058-262-2854
三重県立盲学校（小・中・高普・高保理・専理・専保理）	橋本　一哉	〒514-0819 三重県津市高茶屋４-３９-１	059-234-2188	059-234-2189
福井県立盲学校（幼・小・中・高普・高保理・専理）	竹野　誠司	〒910-0825 福井県福井市原目町３９-８	0776-54-5280	0776-54-5289
滋賀県立盲学校（幼・小・中・高普・高保理・専理・専保理）	日根野克史	〒522-0054 滋賀県彦根市西今町８００	0749-22-2321	0749-26-3686
京都府立盲学校（幼・小・中・高普・高保理・高音・専理・専保理・専音・専灸・専生）	中江　祐	〒603-8302 京都府京都市北区紫野花ノ坊町１番地	075-462-5083	075-462-5770
和歌山県立和歌山盲学校（幼・小・中・高普・高保理・専理・専保理）	松下　幸嗣	〒649-6338 和歌山県和歌山市府中９４９-２３	073-461-0322	073-461-0323
奈良県立盲学校（幼・小・中・高普・高保理・専理）	広中　嘉隆	〒639-1122 奈良県大和郡山市丹後庄町２２２-１	0743-56-3171	0743-56-9148
大阪府立大阪南視覚支援学校（幼・小・中・高普・専理・専保理・専理法・専柔整）	松村　高志	〒558-0023 大阪府大阪市住吉区山之内１-１０−１２	06-6693-3471	06-6693-1504
大阪府立大阪北視覚支援学校（幼・小・中・高普・高保理・専理・専保理）	川副　博史	〒533-0013 大阪府大阪市東淀川区豊里７-５-２６	06-6328-7000	06-6328-5896
兵庫県立視覚特別支援学校（幼・小・中・高普・高保理・専理・専保理）	長谷川啓輔	〒655-0884 兵庫県神戸市垂水区城が山４-２-１	078-751-3291	078-751-3254
神戸市立盲学校（幼・小・中・高普・高保理・専理・専保理）	新井　厚也	〒650-0044 兵庫県神戸市中央区東川崎町１-４-２	078-360-1133	078-360-1136
鳥取県立鳥取盲学校（小・中・高普・高保理・専理）	藤田　則恵	〒680-0151 鳥取県鳥取市国府町宮下１２６５	0857-23-5441	0857-23-5442
島根県立盲学校（小・中・高普・高保理・専理・専保理）	福本　章弘	〒690-0122 島根県松江市西浜佐陀町４６８	0852-36-8221	0852-36-8222
岡山県立岡山盲学校（小・中・高普・高保理・専理・専保理）	西村　壽倫	〒703-8235 岡山県岡山市中区原尾島４-１６-５３	086-272-3165	086-272-1853
広島県立広島中央特別支援学校（幼・小・中・高普・高保理・専理・専保理）	重岡　伸治	〒732-0009 広島県広島市東区戸坂千足２-１-４	082-229-4134	082-229-4136
山口県立下関南総合支援学校（幼・小・中・高普・高保理・専理・専保理）	椙山美智子	〒751-0828 山口県下関市幡生町１-１-２２	083-232-1431	083-232-1432
香川県立盲学校（幼・小・中・高普・高保理・専理）	田中　豊	〒760-0013 香川県高松市扇町２-９-１２	087-851-3217	087-851-3289
愛媛県立松山盲学校（幼・小・中・高普・高保理・専理）	大西　俊一	〒791-8016 愛媛県松山市久万ノ台１１２	089-922-3655	089-922-2893
徳島県立徳島視覚支援学校（幼・小・中・高普・専鍼・専保理）	橋本　敦子	〒770-8063 徳島県徳島市南二軒屋町２-４-５５	088-622-6255	088-622-0282
高知県立盲学校（幼・小・中・高普・高保理・専理）	八木　千晶	〒780-0926 高知県高知市大膳町６-３２	088-823-8721	088-873-9643
福岡県立福岡視覚特別支援学校（幼・小・中）	松本　佳子	〒818-0014 福岡県筑紫野市大字牛島１１４	092-924-1101	092-928-8742
福岡県立北九州視覚特別支援学校（幼・小・中・専理）	青木　喜人	〒805-0016 福岡県北九州市八幡区高見５−１−１２	093-651-5419	093-651-9095
福岡県立柳河特別支援学校（幼・小・中）	北里　純二	〒832-0823 福岡県柳川市三橋町今古賀１７０	0944-73-2263	0944-73-6291
福岡県立福岡高等視覚特別支援学校（高普・高保理・高生技・専理・専保理・専理研）	樋口由美子	〒818-0014 福岡県筑紫野市大字牛島１５１	092-925-3053	092-925-5061
佐賀県立盲学校（幼・小・中・高普・高保理・専理）	鶴田　欽也	〒840-0851 佐賀県佐賀市天祐１-５-２９	0952-23-4672	0952-25-7044
熊本県立盲学校（幼・小・中・高普・高保理・専理・専保理）	松﨑聡一郎	〒862-0901 熊本市東区東町　３-１４-１	096-368-3147	096-368-3148
長崎県立盲学校（幼・小・中・高普・専理・専保理）	比田勝和也	〒851-2101 長崎県西彼杵郡時津町西時津郷８７３	095-882-0020	095-882-0021
大分県立盲学校（幼・小・中・高普・専理・専保理）	安藤　英俊	〒870-0026 大分県大分市金池町３-１-７５	097-532-2638	097-532-2636
宮崎県立明星視覚支援学校（幼・小・中・高普・高保理・専理・専保理）	別府　宗光	〒880-0121 宮崎県宮崎市大字島之内１３９０	0985-39-1021	0985-39-1622
鹿児島県立鹿児島盲学校（小・中・高普・高保理・専理・専保理）	大山　隆	〒891-0116 鹿児島県鹿児島市西谷山１-３-３	099-263-6660	099-263-6659
沖縄県立沖縄盲学校（幼・小・中・高普・専理・専保理）	城間　政次	〒901-1111 沖縄県島尻郡南風原町兼城４７３	098-889-5375	098-888-2547

【開設部科の略称の説明】（幼）幼稚部、小（小学部）、中（中学部）、（高普）高等部本科普通科、（高保理）高等部本科保健理療科、（高音）高等部本科音楽科、（高生技）高等部本科生活技術科、（専理）高等部専攻科理療科、（専鍼）高等部専攻科鍼灸手技療法科、（専保理）高等部専攻科保健理療科、（専理法）高等部専攻科理学療法科、（専音）高等部専攻科音楽科、（専柔整）高等部専攻科柔道整復科、（専普通）高等部専攻科普通科、（専生情）高等部専攻科生活情報科、（専生活）高等部専攻科生活科、（専理研）高等部専攻科研修科、（専鍼研）高等部専攻科鍼灸手技療法研修科

弁論を音声で聞くには

弁論には訴える内容と訴え方の二つの要素があります。弁論の内容については本編をお読みいただければと思いますが、訴え方については、一部ですが音声で聞くことができます。ぜひ左記にアクセスし、弁士の肉声に触れてみてください。

○「音楽CD版」（2019年度大会分からはデイジーCD版も）
全国盲学校弁論大会の「音楽CD版」は、毎日新聞社点字毎日から発売されます（有料）。
（問い合わせ先）　点字毎日　弁論大会CD係　電話：06-6346-8388

○**NHKハートネット「視覚障害ナビ・ラジオ」の番組トップページより（過去二年分）**
全国盲学校弁論大会の様子については、毎年NHK・Eテレと同ラジオで放送していただいて、番組の音声については、放送から二年間は、どなたでも、番組HPで聞けるようになっています。
番組（NHKハートネット「視覚障害ナビ・ラジオ」）トップページ
https://www.nhk.or.jp/heart-net/shikaku/
から、「放送一覧」を選び、聞きたい大会の年と月（例年は十～十一月）を選びます。当該の月に放送された番組の一覧が出てきますので、「第○回　全国盲学校弁論大会・全国大会から」を探してください。

○**住友グループ広報委員会ホームページより**
同委員会では全国盲学校弁論大会の様子を毎年ホームページで紹介するとともに、第七二回大会以降の弁論の音声データを提供してくださっています（優勝、準優勝、第三位の作品）。
住友グループ広報委員会ホームページ
https://www.sumitomo.gr.jp/act/public-relations/speech/
から、「主な取り組み」→「広報活動」→「全国盲学校弁論大会特別協賛」→「過去の弁論大会」へと進んでください。過去の大会の一覧が表示されますので、聞きたい大会・年を選択し、「弁論を聞く」に掲示された作品をクリックすると音声で聞くことができます。

これら情報については、NHK『視覚障害ナビ・ラジオ』高山久美子さん、『毎日新聞社点字毎日』濱井良文さんからご協力をいただきました。

○監修

青木隆一　文部科学省初等中等教育局視学官
（併）特別支援教育課特別支援教育調査官

○編集委員（五十音順）

相賀　直　東京都立久我山青光学園校長
柿澤敏文　筑波大学附属視覚特別支援学校長
木村利男　東京都立文京盲学校長
委員長　國松利津子　東京都立小金井特別支援学校長
桑山一也　独立行政法人大学入試センター試験問題調査官
田島　忍　東京都立葛飾盲学校長
辻山しのぶ　北海道函館盲学校長
中村紹子　青森県立盲学校長
長谷川啓輔　兵庫県立視覚特別支援学校長
馬場俊一　静岡県立沼津視覚特別支援学校長
樋口由美子　福岡県立福岡高等視覚特別支援学校長
福本章弘　島根県立盲学校長
矢野口仁　松本大学教育学部教職センター専門員
山岸直人　東京都立八王子盲学校長
山口　博　長野県松本盲学校長

※掲載作品の選出、及び弁論作品作者と指導者との連絡には全国盲学校長会の会員（「全国盲学校長会加盟校一覧」参照）の協力を得ています。所属は２０２０年３月現在のものです。

全国盲学校弁論大会　第二集　五二話

生きるということ —伝えたい想いがここにある—

令和2年3月26日　初版発行

■監　修　　青木　隆一
■編　著　　全国盲学校長会
■発行人　　加藤　勝博
■発行所　　株式会社 ジアース教育新社
〒101-0054　東京都千代田区神田錦町1-23　宗保第2ビル
TEL：03-5282-7183　FAX：03-5282-7892
E-mail：info@kyoikushinsha.co.jp
URL：http://www.kyoikushinsha.co.jp/

■印刷・製本　　三美印刷株式会社
■表紙・本文デザイン・DTP　　土屋図形株式会社

※弁論は原文をそのまま墨字に転換したものです。
　但し、弁論末尾の挨拶およびルビの一部については、割愛しています。
※校名、発表者の氏名などは発表時のものです。

Printed in Japan
ISBN 978-4-86371-532-5
定価はカバー表示してあります。

全国盲学校弁論大会　第二集　五二話
生きるということ テキスト引換券〈初版〉

■本書のテキストデータをCD-ROMでご提供いたします。お名前・ご住所・電話番号を記載していただき、返信用切手200円分、本ページの「テキスト引換券」をジアース教育新社『全国盲学校弁論大会第二集』テキストデータ係までご郵送ください（住所は上記のとおりです）。